Ängste und Depressionen gehören zu den häufigsten und qualvollsten Leiden überhaupt. Doch nur maximal drei Prozent der Betroffenen finden angemessene therapeutische Hilfe – nicht zuletzt deshalb, weil sie ihre Not aus Scham verbergen. Dieses Buch, das sich in Sprache und Darstellungsform unmittelbar an die Betroffenen, aber auch an deren behandelnde Ärzte wendet, erleichtert den Weg aus Isolation und Resignation. Denn die Autoren zeigen, daß Ängste und Depressionen grundsätzlich berechtigte und sinnvolle Reaktionen auf Belastungen im familiären, beruflichen und nicht zuletzt gesellschaftlichen Leben sind: »Die Angst ist besser als ihr Ruf!« Es kommt daher nicht darauf an, diese Reaktionen zu unterdrücken, sondern sie bewußt und damit für das eigene Leben produktiv zu machen.

Der Leser erhält eine Vielzahl praktischer Informationen, z. B. über so wichtige Fragen wie »Welche Therapieform ist für mich die beste?« und »Wie finde ich den richtigen Therapeuten?«

Dr. med. Nossrat Peseschkian, geboren 1933 im Iran, ist Psychotherapeut und Facharzt für Psychiatrie und Neurologie sowie Facharzt für Psychotherapeutische Medizin. Er ist Begründer der Positiven Psychotherapie und Dozent an der Akademie für ärztliche Fort- und Weiterbildung der Landesärztekammer Hessen. 1997 erhielt er den Richard-Merten-Preis. – Im Fischer Taschenbuch Verlag sind erschienen: ›Auf der Suche nach Sinn‹ (Bd. 6770), ›33 und eine Form der Partnerschaft‹ (Bd. 6792), ›Der Kaufmann und der Papagei‹ (Bd. 3300), ›Positive Familientherapie‹ (Bd. 6761), ›Positive Psychotherapie‹ (Bd. 6783), ›Psychotherapie des Alltagslebens‹ (Bd. 1855), ›Psychosomatik und Positive Psychotherapie‹ (Bd. 11713) sowie ›Das Geheimnis des Samenkorns. Positive Streßbewältigung‹ (Bd. 14569).

Dr. med. Udo Boessmann, geboren 1956, ist Allgemeinarzt in Wiesbaden und bildet Ärzte in Naturheilverfahren und Psychotherapie aus. Er arbeitet eng mit seinem psychotherapeutischen Lehrer, Nossrat Peseschkian, im Wiesbadener Weiterbildungskreis für Psychotherapie und Familientherapie zusammen. Gemeinsam veröffentlichten sie 1995 das ›Arbeitsbuch Positive Ordnungstherapie‹.

Nossrat Peseschkian
Udo Boessmann

Angst und Depression im Alltag

Eine Anleitung zu Selbsthilfe und
positiver Psychotherapie

Fischer Taschenbuch Verlag

Geist und Psyche
Herausgegeben von Willi Köhler
Begründet von Nina Kindler 1964

4. Auflage: Februar 2001

Originalausgabe
Veröffentlicht im Fischer Taschenbuch Verlag GmbH,
Frankfurt am Main, Januar 1998

© Fischer Taschenbuch Verlag GmbH, Frankfurt am Main
Gesamtherstellung: Clausen & Bosse, Leck
Printed in Germany
ISBN 3-596-13302-5

Inhalt

Einleitung
Die Angst ist besser als ihr Ruf!   11
Was ist das Besondere an unserem Konzept?   18
   Leitfaden für die Leser   28

Erster Teil:
Angst und Depression erkennen und verstehen
Die vielen Gesichter von Angst und Depression   33
   Körperreaktionen und Sinne   33
   Veränderungen des Denkens   39
   Konsequenzen für das Verhalten   47
   Zukunftserwartungen   48
   Masken der Angst und Depression   48
   Medizinische Bezeichnungen   49
Die »guten« Gründe für Angst und Depression   52
   Körperliche Gründe   53
   Belastungen und Gefahren im Berufsleben   63
   Soziale Belastungen und Gefahren   67
   Zukunftsängste   71
   Angst vor Veränderung   73
   Kindheitsängste   74
   Verdrängung   79
   Gewissen, Moral und Schuldgefühl   83
   Die Angst hinter der Angst   92
   Der Sinn von Angst und Depression   95
Zusammenfassung   97

Zweiter Teil:
Anleitung zur Hilfe und Selbsthilfe

Die Angst vor der Therapie überwinden 103
Welcher Therapeut ist der richtige? 103
Fünf Stufen der Hilfe und Selbsthilfe 107
1. Beobachtung: Die richtige Wahrnehmung der inneren
und äußeren Realität 109
2. Inventarisierung: Die psychosomatischen
Zusammenhänge richtig verstehen 121
Die vier Bereiche der Konfliktverarbeitung 122
*Das inhaltliche Vorgehen mit Hilfe
der Aktualfähigkeiten* 127
Die vier Vorbilddimensionen 130
Ereignisse, die unser Leben prägen: life-events 134
3. Ermutigung: Motivation zur Veränderung
des Verhaltens 136
Entspannung 143
Die Technik der paradoxen Intention 152
*Empfehlungen für Therapeuten und Bezugspersonen
von Depressiven* 160
4. Verbalisierung: Drei Interaktionsstadien funktionierender
Kommunikation 163
Verbundenheit 165
Unterscheidung 169
Ablösung 182
5. Zielerweiterung: Der Mensch braucht eine Vision 186
Empfehlungen für Therapeuten 188
Zusammenfassung: Informationsblatt für Patienten 190

Anhang

Selbstbeobachtungskalender 196
Wo finden Sie professionelle Hilfe? 206

Alles, was geschieht und uns zustößt, hat einen Sinn. Doch es ist oft schwierig, ihn zu erkennen. Auch im Buch des Lebens hat jedes Blatt zwei Seiten. Die eine, obere, schreiben wir Menschen mit unseren Plänen, Wünschen und Hoffnungen. Aber die andere füllt die Vorsehung, und was sie anordnet, ist selten unser Ziel gewesen. (Orientalische Lebensweisheit)

Einleitung

Die Angst ist besser als ihr Ruf!

Schätzungen zufolge leiden etwa 15% der deutschen Bevölkerung ständig oder vorübergehend an quälenden Ängsten, Panikattacken und Depressionen. Das sind mehr als 10 Millionen Menschen. Der Bericht einer 36jährigen Patientin steht als Beispiel für viele andere:

Über Jahre hinweg leidet Erika M. unter Ängsten, Magenschmerzen, Schulter- und Armbeschwerden, Kopfschmerzen, Depressionen und Allergien. Sie klagt: »Ich bin innerlich sehr stark gehetzt und zittrig, wie über einen überdehnten Bogen gespannt. Ich bemühe mich um Ruhe und Gelassenheit, aber es gelingt mir nicht. Ich bin reizbar, leicht zur Trauer geneigt und auch sehr aufgewühlt. Kleine Begebenheiten werfen mich völlig um. Ärger verkrafte ich nur sehr schlecht. Beim Orthopäden stellte sich nur eine allgemeine, durch Hohlkreuz und leichte Rückgratverkrümmung verursachte Fehlhaltung heraus, nichts Besonderes. Beim Frauenarzt konnte ebenfalls keine besondere Ursache festgestellt werden. Ich fühle mich verbraucht, überanstrengt und erschöpft. Weil meine Schmerzen wieder stärker wurden, entschloß ich mich, eine Badekur zu machen. Die Massage strengte mich sehr an und war äußerst schmerzhaft. Vor den Thermalbädern hatte ich Angst. In der vierten Woche hatte ich Angst vor dem Heimfahren. Der Arzt stellte wieder keine organische Krankheit fest, riet zur Gymnastik und gab Beruhigungsmittel und schlug autogenes Training vor. Ich ging auch zum Heilpraktiker, der mit mir eine Irisdiagnose vornahm. Meinem Hausarzt wagte ich gar nicht, davon zu erzählen. Anfangs fühlte ich mich wirklich erleichtert. Doch dann begannen wieder meine Beschwerden. Ich ließ mich zu einem Nervenarzt überweisen. Bei den neurologischen Untersuchungen konnte kein krankhafter Befund festgestellt werden. Gegen meine Angst bekam ich beruhigende und angstlösende Medikamente. Die halfen mir wirklich. Ich war heilfroh. Aber sobald die Medikamente abgesetzt wurden, begann die alte Geschichte von vorn. Ich kann jetzt trotz Schlafmittel und Beruhigungstabletten nicht schlafen. Ich fühle mich vollkommen unglücklich. Ich bin krank. Das weiß ich, aber ich weiß nicht, wer für meine Krankheit zuständig ist. Jetzt bin ich hier, in der Psychotherapie. Ich weiß aber nicht, ob ich hier richtig bin.« (Auszug aus dem psychotherapeutischen Erstinterview)

Das Unbegreifliche der Ängste und Depressionen, vor allem, wenn sie chronisch, wiederkehrend oder gar zunehmend sind, ist für alle Beteiligten verwirrend und beunruhigend, oft sogar ärgerlich. Für die Betroffenen aber ist es eine Katastrophe. Gerade wegen der Unfaßbarkeit ihrer Symptome empfinden sie sich als verrückt, »bekloppt« und krank. Sie verlieren den Glauben an sich selbst und damit ihr Selbstvertrauen, ihre Hoffnungen, ihre Lebensfreude und allzu oft auch ihren Lebenswillen. Viele ziehen sich beschämt in die Einsamkeit zurück und fliehen resigniert in die Alkohol-, Drogen- oder Medikamentenabhängigkeit, manche sogar in den Freitod. Angsterkrankungen verschwinden in den seltensten Fällen von alleine. Bei fehlender Hilfe von außen verschlimmern sie sich und neigen zur Chronifizierung. Alarmierend ist, daß nur etwa drei Prozent der Betroffenen angemessene therapeutische Unterstützung finden. Oft vergehen viele Jahre bis zur richtigen Diagnose.

Die existentielle Funktion der Angst

Angst ist neben den Grundbedürfnissen eine mächtige, wenn nicht gar die stärkste Antriebskraft für das menschliche Verhalten überhaupt. Sie ist ein archaisches, tief in der tierischen und menschlichen Natur verwurzeltes Reaktionsmuster, das im Dienst des Überlebens steht. Angetrieben vom Überlebenswillen haben Menschen zu allen Zeiten gewaltige Anstrengungen unternommen, die vielfältigen Bedrohungen ihres Lebens zu reduzieren und sich in ihren Werken unsterblich und unvergeßlich zu machen. Auch für das menschliche Zusammenleben ist die Angst ein maßgeblicher

Grund: Sie bewirkt, daß die Menschen Gemeinschaften und Staaten bilden, Normen des Zusammenlebens, Machtstrukturen und Waffen erfinden, daß sie wirtschaften, die Natur erforschen, Heilkunde betreiben, die Zukunft planen bis über den Tod hinaus, daß es Religion und Philosophie gibt. Ohne Angst gäbe es keine Kultur. Und die von Menschen geschaffene Kultur ist im Hinblick auf die Sicherung des Lebens ausgesprochen erfolgreich. Die Bedrohung durch Hunger, Seuchen, politische Gewaltherrschaft, soziale Verelendung, rassistischen und religiösen Fanatismus scheint für die meisten Bürger der reichen Industrienationen in Westeuropa, Nordamerika, Australien und Japan langfristig gebannt. Allein in den letzten hundert Jahren konnte die Lebenserwartung mehr als verdoppelt werden. Das verdanken wir Naturwissenschaft und Technik, freiheitlich-demokratischen Verfassungen mit Garantien für die Menschenrechte, wirksamen Systemen der sozialen Absicherung und Wirtschaftskraft sowie dem Zugang aller zu umfassender Bildung und Information.

Trotz allen Fortschritts jedoch sind die Grundnöte des Menschseins geblieben, und auch der moderne Mensch kommt an der Realität von Leiden und Tod nicht vorbei. An die Stelle der alten Naturängste treten neue Zivilisationsängste, weil die moderne Technik durch die Möglichkeit einer atomaren oder ökologischen Katastrophe auch den Bestand der ganzen Menschheit in Frage stellt und einen allgemeinen Sinn- und Werteverlust hervorruft. Belastend ist auch die Schnelligkeit, Unbeständigkeit und Unübersichtlichkeit des modernen Lebens, vor allem in den Großstädten.

Angst ist die natürliche Abscheu vor Gefahr, sagte der berühmte Philosoph Immanuel Kant, sie ist ein unvermeidlicher und unverzichtbarer Bestandteil des menschlichen Daseins. Angst ist ein Grundsymptom vieler seelischer und körperlicher Erkrankungen. Die ihr verwandte Resignation und Depression durchdringen nicht nur den medizinischen, sondern auch den sozialen, beruflichen und politischen Alltag. So daß jeder irgendwann auf die eine oder andere Weise damit konfrontiert wird. Auf lange Sicht ist die bewußte Auseinandersetzung mit den eigenen Ängsten und depressiven Anteilen die einzige Möglichkeit einer tiefgreifenden und dauerhaften Lebens- und Krankheitsbewältigung, insbesondere bei chronischen und fortschreitenden Leidensprozessen.

Angst und Depression in verschiedenen Kulturen

Obgleich das Erscheinungsbild von Ängsten und Depressionen in nahezu allen Kulturkreisen gleich zu sein scheint, sind ihre Unterschiede in Ursache und Inhalt auffallend heterogen. Analog der Beobachtung, daß im europäischen Raum das Verhältnis von »Ich und Du«, im Orient hingegen die Gemeinschaft des »Wir« betont wird, erhält der soziale Kontakt als Konfliktauslöser eine weitreichende Bedeutung. So entwickeln Mitteleuropäer Ängste und depressive Verstimmungen vor allem aufgrund fehlender emotionaler Wärme, wegen Kontaktmangels oder sozialer Isolation. Im Orient entstehen sie eher aus dem gegenteiligen Grund, wenn sich die Menschen durch die Enge ihrer sozialen Verpflichtungen und Verflechtungen, denen sie nicht ausweichen können, überfordert fühlen. Inhaltlich unterscheiden sich Ängste und Depressionen in vielerlei Hinsicht:

Im europäischen Kulturbereich stehen soziale Ängste im Vordergrund, die sich auf äußeres Aussehen, Schönheit und sexuelle Potenz beziehen. Bedeutsam sind aber auch Ordnung, Sauberkeit

In bester Gesellschaft:
Für Sigmund Freud, den Vater der Psychoanalyse, war die Angst das Grundproblem seelischer Erkrankungen. Er litt selbst an heftigen Stimmungsschwankungen, einer Reisephobie und Anfällen von Todesangst. Während des Versuchs, das Rauchen aufzugeben, schrieb er über sich: »Da kam plötzlich ein großes Herzelend, größer als je beim Rauchen. Tollste Arhythmien, beständige Herzspannung – Pressung – Brennung, heißes Laufen in den linken Arm ... und dabei ein Druck auf die Stimmung ... Es ist peinlich für einen Medicus, der sich alle Stunden des Tages mit dem Verständnis von Neurosen quält, nicht zu wissen, ob er an einer logischen oder an einer hypochondrischen Verstimmung leidet.« Allen Befürchtungen zum Trotz lebte er danach noch fast 50 Jahre und erreichte das stattliche Alter von 83.

und in hohem Maße finanzielle Nöte: »Die Schulden, die ich für unseren Hausbau auf mich genommen habe, lasten so sehr auf mir, daß ich manchmal meine, keine Luft mehr zu bekommen. Wenn ich an die Zukunft denke, wird mir angst. Innerlich habe ich oft genug aufgegeben mit dem Gefühl, daß doch alles keinen Zweck hat.« Im Orient steht primär die Angst um Fruchtbarkeit, das soziale Ansehen und das Verhältnis zur Zukunft im Vordergrund. Darüber hinaus spielt die unterschiedliche Bewertung identischer Konfliktinhalte eine große Rolle. Ein Deutscher geht zum Beispiel ganz anders mit Pünktlichkeit um als ein Orientale, der viel größeren Wert darauf legt, für familiäre und freundschaftliche Kontakte ausreichend Zeit zu haben.

Diese Art transkultureller Betrachtung ermöglicht es, die eigenen Probleme und Schwierigkeiten mit Fremden zu relativieren und Konflikte besser zu verstehen. Zumal auch jede Familie ihre Privatkultur mit eigenen Werten, Überzeugungen und Erwartungen entwickelt, aus denen Mißverständnisse, Konflikte, Enttäuschungen und Ängste resultieren können. Der transkulturelle Ansatz wird um so dringlicher, je mehr sozialer und politischer Sprengstoff durch die intensive Begegnung so vieler Nationen und Kulturen entsteht.

Orient	Okzident
Ist hier jemand erkrankt, so wird das Bett ins Wohnzimmer gestellt. Der Kranke steht im Mittelpunkt und wird von zahlreichen Familienmitgliedern, Verwandten und Freunden besucht. Ein Ausbleiben der Besucher würde als Beleidigung und mangelnde Anteilnahme aufgefaßt.	Wenn jemand krank ist, möchte er seine Ruhe haben. Er wird von wenigen Personen besucht. Besuche werden auch als soziale Kontrolle empfunden.

Wie entstehen Ängste und Depressionen?

Ängste sind auf das Innigste mit Bedürfnissen verbunden. Wo kein Bedürfnis ist, ist auch keine Angst. Angst und Wut treten auf, wenn die Befriedigung eines Bedürfnisses tatsächlich oder vermeintlich behindert wird. Wut erzeugt wiederum Angst, weil sie die Grundbedürfnisse, wie beispielsweise den Wunsch geliebt zu werden, gefährdet und das Risiko in sich birgt, eine Gegenaggression oder Strafe auf den Plan zu rufen. Je grundlegender das behinderte oder bedrohte Bedürfnis ist, desto heftiger wird die Wut ausfallen. Und je gefährlicher die eigene Wut empfunden wird, desto größer wird die daraus resultierende Angst sein.

Wer lange genug aus Angst auf seine Bedürfnisse verzichtet oder seine Triebe unterdrückt hat, wird irgendwann resignieren, das heißt: seine Lebensfreude einbüßen. Um sozial verträglich zu leben, benötigt ein solcher Mensch den größten Teil seiner Energie, um die eigenen Wünsche zu bekämpfen und seine Wut zu beherrschen. Er wird sich müde, kraftlos und leer fühlen. Aber mit ihrer Unterdrückung ist die Wut keineswegs erledigt. Wohin also mit ihr? Die Wut sucht sich einen Weg, der auf den ersten Blick am wenigsten gefährlich erscheint: Der Betroffene richtet sie gegen sich selbst. Genau das aber hat auf die Dauer fatale Konsequenzen: Man beginnt, sich selbst zu hassen, abzuwerten, zu verachten, anzuklagen, zu bestrafen und – im Extremfall – sich selbst zu zerstören. Dieser Zustand heißt Depression.

Der Depression liegt die Angst zugrunde, nicht genug zu bekommen, nichts wert zu sein, abgelehnt zu werden oder jemanden zu verlieren. Wenn Menschen vor dieser Angst kapitulieren, zum Beispiel vor sozialer Ablehnung, und sich aus ihren zwischenmenschlichen Beziehungen zurückziehen, geraten sie leicht in eine ausweglose Spirale: Durch ihren Rückzug verlieren sie die Quelle für Anerkennung, Bestätigung, Befriedigung und Liebe. Das schwächt wiederum ihr Selbstvertrauen und verschlimmert ihre Angst, die sie weiter in die Isolation treibt. Am Ende stehen Hoffnungslosigkeit und Verzweiflung. Andererseits ist es eine Grundbedingung und zentrale Erfahrung menschlicher Existenz, daß unsere Triebe und Bedürfnisse an reale Grenzen stoßen. Spätestens mit dem Tod müssen wir auf alle lebensbezogenen Wünsche verzichten. Diese Erkenntnis ist äußerst schmerzvoll und kann nur mit Trauer bewältigt werden. Trauern ist jedoch eine mühevolle Arbeit, der sich viele Menschen gerne entziehen. Sie versuchen die realen Bedingungen des Daseins aus ihrem Bewußtsein zu verbannen, aber das funktioniert nur bis zu einem bestimmten Punkt. Irgendwann muß man doch den Wahrheiten ins Auge sehen! Und wer dann die schmerzvolle Realität unseres Daseins verdängt, um der Trauer zu entgehen, tut das um einen zu hohen Preis: den Preis der Angst, Resignation oder Depression.

Was ist das Besondere an unserem Konzept?

Dieses Buch basiert auf den umfangreichen transkulturellen Untersuchungen und Erfahrungen, die Nossrat Peseschkian und seine Mitarbeiter seit 1968 mit der neuen Methode der *Positiven Psychotherapie* gemacht haben. Bei der psychotherapeutischen Arbeit mit europäischen, amerikanischen und orientalischen Patienten entdeckten sie, daß es keineswegs immer die großen Schicksalsschläge sind, die uns krank machen. Nach dem Motto: *Steter Tropfen höhlt den Stein*, werden Ängste und Depressionen viel eher durch die Summe kleiner alltäglicher Belastungen und Konflikte verursacht. So zum Beispiel durch enttäuschte Erwartungen aufgrund unterschiedlicher Wertvorstellungen: Werden unsere

Störungen oder Fähigkeiten?

Der Begriff des *Positiven*, der in der Positiven Psychotherapie besonders hervorgehoben wird, bezieht sich darauf, daß die Therapie nicht primär auf die Beseitigung einer spezifischen Störung ausgerichtet ist, sondern zunächst versucht, die vorliegenden Fähigkeiten und Selbsthilfemöglichkeiten zu entdecken und zu mobilisieren.

Positiv bedeutet hier gemäß seiner ursprünglichen Bedeutung (lat.: *positum*) das Tatsächliche, das Vorgegebene. Tatsächlich und vorgegeben sind nicht nur Störungen und Konflikte, die eine Person oder eine Familie mit sich bringen, sondern auch ihre Fähigkeiten, mit diesen Konflikten umzugehen.

Erwartungen an das Verhalten anderer Menschen allzu oft oder zu stark enttäuscht, reagieren wir mit körperlichen Mißempfindungen, vegetativen Funktionsstörungen, Angst und Depression.

Das Menschenbild der Positiven Psychotherapie

So wie ein Samenkorn eine Fülle von Fähigkeiten besitzt, die durch die Umwelt, geeigneten Boden und ausreichend Regen, vielleicht mit Hilfe eines Gärtners entfaltet werden können, so entwickelt auch der Mensch seine Fähigkeiten in enger Beziehung zu seiner sozialen Umgebung. Mit der Geburt betreten wir einen Lebensraum, der ständigen Veränderungen unterworfen ist und uns einen langen, krisenhaften Weg der Persönlichkeitsentwicklung abverlangt: Während der Kindheit bilden wir zunehmend ein Bewußtsein unserer selbst, bis wir uns mit der Pubertät der Erwachsenenwelt nähern. Im nächsten Abschnitt suchen wir einen Lebenspartner und nehmen Abschied vom Single-Dasein, Beruf und Elternschaft wollen gemeistert werden. Schon bald werden wir mit der Sinnkrise der Lebensmitte und schließlich der Wechseljahre konfrontiert, bis uns der Ruhestand noch einmal zu einer grundsätzlichen Umgestaltung des Lebens nötigt. Zuletzt führt uns das Alter in die Auseinandersetzung mit der Sterblichkeit und in die Vorbereitung auf den Tod.

Jede dieser Entwicklungsphasen und jedes Lebensalter hat seine besonderen Ängste und Depressionen. Nossrat Peseschkian sieht bei allen Problemen und Konflikten zuerst einmal die angeborenen und erlernten Fähigkeiten, über die jeder verfügt, die aber von Mensch zu Mensch sehr unterschiedlich ausgeprägt sind. Seinem Konzept der Positiven Psychotherapie liegt die Auffassung zugrunde, daß ausnahmslos jeder Mensch zwei Grundfähigkeiten besitzt: die *Erkenntnisfähigkeit* und die *Liebesfähigkeit*. Je nach den Bedingungen seines Körpers, seiner Umwelt und der Zeit, in der er lebt, werden sich diese Grundfähigkeiten differenzieren (siehe primäre und sekundäre Aktualfähigkeiten, S. 128) und zu einer unverwechselbaren Struktur von Wesenszügen fügen. Das bedeutet nichts anderes, als daß der Mensch seinem Wesen nach gut ist.

Die *Liebesfähigkeit* führt in ihrer weiteren Entwicklung zu den primären Fähigkeiten, wie lieben können, Vorbild sein, Geduld haben, sich Zeit nehmen, Kontakt knüpfen können, Zärtlichkeit und Sexualität geben und nehmen, vertrauen können, Hoffnung haben, Glauben können, Zweifeln können, zu Gewißheiten gelangen und Einheit herstellen.

Aus der *Erkenntnisfähigkeit* entwickeln sich die sekundären Fähigkeiten, wie Pünktlichkeit, Ordnung, Sauberkeit, Höflichkeit, Ehrlichkeit, Treue, Gerechtigkeit, Fleiß, Leistung, Sparsamkeit, Zuverlässigkeit, Genauigkeit und Gewissenhaftigkeit. Die primären und sekundären Fähigkeiten werden als Aktualfähigkeiten bezeichnet.

Der dargestellte Ansatz legt es nahe, depressive oder ängstliche Menschen auf ihre Konfliktbereitschaft hinsichtlich der Aktualfähigkeiten zu befragen. Nehmen wir an, eine Patientin entwickelt immer dann Ängste, wenn sie abends auf ihren Ehemann warten muß. In einem solchen Fall zentriert sich die Angst inhaltlich um die psychosoziale Norm »Pünktlichkeit«. Liegt es dann nicht nahe, gerade diesen Bereich aufzuarbeiten? Ein solches Vorgehen wäre

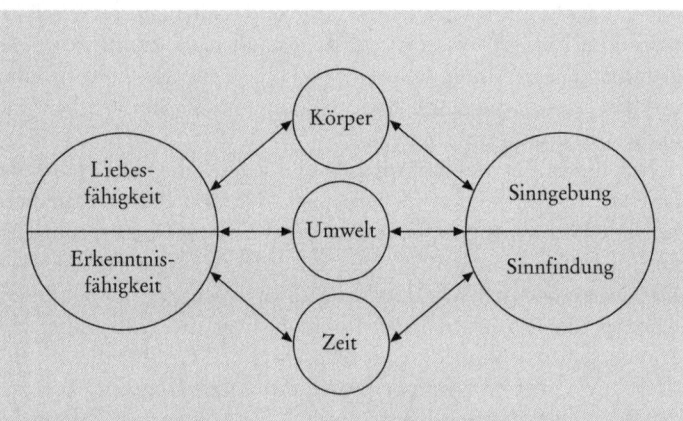

Abb. 1: Grundfähigkeiten und ihre Entwicklungsbedingungen zur Sinngebung (Religion – Weltanschauung) und Sinnfindung (Wissenschaft). *(Peseschkian, Auf der Suche nach Sinn, 1983, S. 64)*

im besten Sinne radikal: Es geht von der Wurzel aus und nicht von irgendwelchen Symptomen.

Das positive Menschenbild legt nahe, im Patienten nicht nur den Kranken, das heißt den Träger von Symptomen und unerwünschten Eigenschaften zu sehen, sondern einen Menschen, der die Fähigkeit zur Krankheit und zur Gesundheit in sich vereint. Im Rahmen der Positiven Psychotherapie gibt der Patient allmählich seine Patientenrolle auf und wird zum Therapeuten seiner selbst und seiner Umgebung, vor allem der jeweiligen Konfliktpartner. Diese Doppelrolle des Patienten – als Patient und Therapeut zugleich – ist ein wesentliches Kennzeichen dieser Therapieform.

Die positive Deutung von Angst und Depression

Wenn du eine hilfreiche Hand brauchst,
suche sie am Ende deines eigenen Armes.

Von unserer Sichtweise hängt es ab, wie wir unsere Schwierigkeiten bewältigen oder nicht bewältigen. Die jeweilige Einschätzung der Situation kann ermutigen oder entmutigen. Wenn wir also schon die Wahl haben, warum wählen wir dann nicht die vielen ermutigenden Aspekte des Problems, vor das wir hier gestellt sind? Die *positive Deutung* von Krankheitssymptomen und Problemen ist eine der wichtigsten Methoden der Positiven Psychotherapie. Was positive Deutung heißt, veranschaulicht die folgende Geschichte:

Der Traum und sein Sinn
Ein orientalischer König hatte einen beängstigenden Traum. Er träumte, daß ihm alle Zähne ausfielen. Beunruhigt rief er seinen Traumdeuter herbei. Dieser hörte sich den Traum sorgenvoll an und eröffnete dem König: »Ich muß dir eine traurige Mitteilung machen. Du wirst genau wie deine Zähne alle deine Angehörigen verlieren.« Die Deutung erregte den Zorn des Königs. Er ließ den Traumdeuter in den Kerker werfen. Dann ließ er einen anderen Traumdeuter kommen. Der hörte sich den Traum an und sagte: »Ich bin glücklich, dir eine freudige Mitteilung machen zu können:

Du wirst älter werden als alle deine Angehörigen.« Der König war erfreut und belohnte ihn reich. Die Höflinge wunderten sich sehr darüber: *»Du hast doch eigentlich nichts anderes gesagt als dein armer Vorgänger. Aber wieso traf ihn die Strafe, während du belohnt wurdest?«* Der Traumdeuter antwortete: *»Wir haben beide den Traum gleich gedeutet. Aber es kommt nicht nur darauf an, was man sagt, sondern auch, wie man es sagt.«*
(Peseschkian, *Auf der Suche nach Sinn*, Frankfurt am Main 1983)

Lassen Sie uns in diesem Sinne schauen, welche *positiven Aspekte* wir zur Deutung von Ängsten und Depressionen finden können:

- *Hemmungen* sind die Fähigkeit, sich zurückzuhalten und das Aufgenommene in sich wirken zu lassen.
- *Angst* hat immer einen guten Grund und Sinn, selbst dann, wenn sie bei oberflächlicher Betrachtung irrational oder »neurotisch« erscheint.
- *Angst* ist Lebenswille. Sie ist die Fähigkeit, den Schutz und die Sicherheit des Lebens in den Vordergrund zu stellen. Angst macht uns fähig, unbekannten und als bedrohlich empfundenen Situationen rechtzeitig auszuweichen.
- *Angst* ist der leibnah erlebte Ausdruck eines dringenden Bedürfnisses, für dessen Realisierung noch keine guten Erfahrungen verfügbar sind. Wo kein Bedürfnis ist, ist auch keine Angst! Die Angst vor Einsamkeit können wir zum Beispiel verstehen als das natürliche Bedürfnis, mit anderen Menschen zusammen zu sein.
- *Angst* ist die Fähigkeit, sich in besonderem Maße mit der Zukunft zu befassen, ein Antrieb, das eigene Leben dem Zufall zu entreißen. Die Angst verhindert, daß Sie ein Leben führen, das nicht zu Ihnen paßt.
- *Angst* ist ein Zustand körperlicher und geistiger Erregung, der die Energien für Veränderung, Entwicklung, Wachstum und Heilung bereitstellt. Allen großen Dingen geht Angst voraus. Wer sie fühlt, ist gerade im Begriff, eine Grenze zu überschreiten. Angst ist die Fähigkeit, enorme Energie bereitzustellen, auch wenn noch kein klares Ziel zu sehen ist.
- *Angst* ist äußerst unangenehm, aber völlig ungefährlich. Nur

wenn sie ständig verleugnet und verdrängt wird, kann sie bedrohlich werden. Sie ist kein Fremdkörper, der sich einfach beseitigen läßt. Vielmehr will sie verstanden und als Teil unserer selbst akzeptiert und integriert werden.

- *Depression* ist einerseits die Fähigkeit, mit tiefster Emotionalität auf Konflikte zu reagieren. Andererseits ist sie die Fähigkeit, in einen Zustand der inneren Leere und Teilnahmslosigkeit zu fliehen, um nicht den Schmerz der Trauer fühlen zu müssen.
- *Depression* ist die Fähigkeit, auf dringende Lebensbedürfnisse zu verzichten und sich durch Rückzug und Hoffnungslosigkeit vor weiteren Enttäuschungen und Kränkungen zu schützen.

Soweit unsere vielleicht ungewöhnliche Betrachtungsweise von Angst und Depression. Sicher wird sie Ihnen beim Weiterlesen zunehmend verständlich und vertraut werden.

Eine Metapher für das positive Vorgehen

Das positive Vorgehen läßt sich mit folgender Situation vergleichen. Ein Mann stellte fest, daß er Schulden hatte. Dieser Gedanke ließ ihn nicht mehr schlafen. Er litt unter Depressionen und wollte aus dem Leben scheiden. Dies klagte er einem guten Freund. Der hörte sich geduldig die Sorgen an. Anschließend sprach er jedoch nicht über die Schulden. Das verwunderte den Mann sehr. Sein Freund sprach statt dessen von dem, was der Mann noch als Eigentum besaß, vom Geld, das er hatte, und von den Freunden, die bereit waren, ihm zu helfen. Plötzlich sah dieser seine Situation mit anderen Augen. Indem er seine Energie nicht mehr zugunsten der vergeblichen Sorgen um die Schulden verbrauchte, sondern sie im Verhältnis zu seinem tatsächlichen Vermögen sah, hatte er genügend Kräfte frei und Wege offen, sein Problem zu lösen.

Ganzheitliches Denken in der Positiven Psychotherapie

Mit der Positiven Psychotherapie wollen wir nicht nur Ihren Verstand erreichen, sondern auch und vor allem Ihr Gefühl, Ihre Phantasie und Intuition. Diesem Ziel dient eine umfangreiche Sammlung orientalischer Geschichten und Spruchweisheiten mit therapeutischem Bezug.

Nossrat Peseschkian verwendet eine präzise und einfache Sprache, um die Alltagskonflikte, die zu Ängsten und Depressionen führen, leicht verständlich zu beschreiben. In seiner Praxis, in Seminaren und Vorträgen konnte er immer wieder die Feststellung machen, daß gerade Parabeln und orientalische Geschichten den Zuhörern oder Patienten sehr entgegenkamen. Parabeln sind für ihn Bilder in Sprache. Als solche unterstützen sie das Verständnis und haben zentralen didaktischen Wert. Viele Menschen fühlen sich überfordert, wenn sie abstrakt mit psychotherapeutischen Inhalten konfrontiert werden. Da die Psychotherapie sich nicht nur im Terrain der Fachleute abspielt, sondern eine Brücke zu den Nichtfachleuten und Patienten darstellt, besteht für sie in besonderem Maße das Gebot, verständlich zu sein. Verständnishilfen in diesem Buch sind deshalb viele Beispiele, mythologische Geschichten und Parabeln. Eine dieser Geschichten soll Ihnen jetzt verdeutlichen, was wir unter *Ganzheit* verstehen.

Die Schaulustigen und der Elefant

Man hatte einen Elefanten zur Ausstellung bei Nacht in einen dunklen Raum gebracht. Die Menschen strömten herbei. Die Besucher konnten den Elefanten nicht sehen, und so versuchten sie, seine Gestalt durch Betasten zu erfassen. Da der Elefant groß war, konnte jeder Besucher nur einen Teil des Tieres greifen und es nach seinem Tastbefund beschreiben. Einer der Besucher, der ein Bein des Elefanten erwischt hatte, erklärte, daß der Elefant wie eine starke Säule sei. Ein zweiter, der die Stoßzähne berührte, beschrieb den Elefanten als spitzen Gegenstand. Ein dritter, der das Ohr des Tieres ergriff, meinte, er sei einem Fächer ähnlich. Der vierte, der über den Rücken des Tieres strich, behauptete, der Elefant sei so gerade und flach wie eine Liege.

Diese Geschichte ist ein schönes Gleichnis für die einseitige Betrachtungsweise der Dinge, zu der wir Menschen neigen. Eine einseitige Sichtweise ist aber nicht nur die Ursache für viele Konflikte und Ängste. Sie hindert uns auch daran, geeignete Lösungen für unsere Probleme zu finden. Anders die Positive Psychotherapie. Sie versteht sich als *Ganzheitsmedizin,* und das hat weitreichende Konsequenzen:

- Sie betrachtet den *ganzen Menschen* in seiner körperlichen, seelischen, gesellschaftlichen, kulturellen, geschichtlichen und geistig-religiösen Dimension.
- Sie beschränkt sich nicht auf die unmittelbar therapeutische Situation, sondern bezieht das *gesamte Umfeld* mit ein, vor allem die Familie des Patienten.
- Sie bedient sich des *ganzen Spektrums* medizinischer Erkenntnisquellen: naturwissenschaftlicher und psychologischer, erfah-

rungs- und naturheilkundlicher. Die Positive Psychotherapie bietet damit ein Konzept, in dem sich unterschiedliche Fachrichtungen und psychotherapeutische Schulen sinnvoll ergänzen können. Eine Besonderheit ist die Verknüpfung der Weisheiten und intuitiven Gedanken des Orients mit den wissenschaftlichen Methoden des Okzidents.

- Sie bildet den Arzt und Therapeuten *ganzheitlich* aus, so daß er seine Patienten mit allen Sinnesqualitäten wahrnimmt, sie kraft seines Wissens, Verstandes *und* seiner Einfühlung begreift.

Um die Ganzheit eines Menschen zu erfassen und keinen wesentlichen Aspekt zu übersehen, nimmt die Positive Psychotherapie bei jedem Menschen vier Qualitäten seiner Lebenswirklichkeit unter die Lupe:

1. Körper und Sinne:
Im Vordergrund steht das Verhältnis zum eigenen Körper und das Ich-Gefühl. Wie nimmt man seinen Körper wahr? Wie erlebt man die verschiedenen Sinneseindrücke aus der Umwelt? Dieser Bereich kann zum »Ort« vermehrter Anfälligkeit und verminderter Widerstandskraft werden. Konflikte im Bereich dieser Qualitäten werden psychisch und psychosomatisch verarbeitet.

Streßfaktoren: Krankheiten, Kuren, Operationen bei sich selbst oder Angehörigen, übermäßige akustische Reize: Lärm, Musik, Geräusche über einen bestimmten Zeitraum, oder optische Reize: Umwelt, Straßenverkehr, Fernsehen, Werbung.

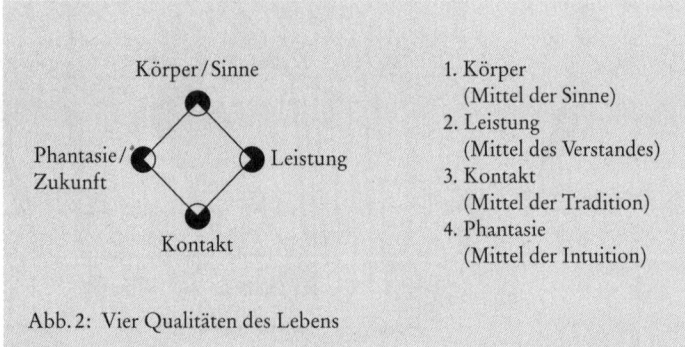

Körper/Sinne

Phantasie/Zukunft

Leistung

Kontakt

1. Körper
   (Mittel der Sinne)
2. Leistung
   (Mittel des Verstandes)
3. Kontakt
   (Mittel der Tradition)
4. Phantasie
   (Mittel der Intuition)

Abb. 2: Vier Qualitäten des Lebens

2. Leistung:

Hierzu gehört die Art und Weise, wie Leistungsnormen ausgeprägt sind und wie sie in das Selbstkonzept eingegliedert werden: a) die Flucht in die Arbeit; b) die Flucht vor Leistungsanforderungen.

Streßfaktoren: Unzufriedenheit mit beruflichen Ergebnissen, Höhergruppierung, Nichtbeförderung, Stellenwechsel, Kündigung, neue Mitarbeiterinnen/Mitarbeiter und/oder Vorgesetzte, Berentung, Verlust von Mitarbeiterinnen/Mitarbeitern etc.

3. Kontakt:

In diesem Bereich geht es um die Fähigkeit, Beziehungen aufzunehmen und zu pflegen: die Beziehung zu sich selbst, zum Partner, zur Familie; das Verhältnis zu fremden Menschen, zu Gruppen, verschiedenen sozialen Schichten und fremden Kulturkreisen. Hierher gehört auch die Beziehung zu Tieren, Pflanzen und Dingen. Eine extreme Reaktion ist die Flucht in die Geselligkeit. Umgekehrt kann man den Rückzug aus der Gemeinschaft antreten, er führt in soziale Isolierung und Depression.

Streßfaktoren: Eingehen einer Partnerschaft, Heirat, Hausbau, Geburt eigener Kinder, Scheidung, Trennungen von Lebenspartnern: Kindern, Eltern oder Freunden, Wohnungswechsel, finanzielle Probleme, zwischenmenschliche Konflikte.

Wer ist gesund?
Gesund ist nach unseren Erfahrungen mit Patienten aus 18 Kulturen, wer ...

25 % seiner Energie auf den Bereich Körper/Sinne verlegt (Schlaf, Eßverhalten, Sexualität usw.);

25 % auf Arbeit und Leistung;

25 % auf Kontakte mit der Familie, Mitmenschen und Kollegen und

25 % auf Zukunft und Phantasie (Beschäftigung nach der Pension, Zukunft der Familie, woher komme ich, wohin gehe ich, Religion, Lebensphilosophie, Tod und Leben nach dem Tod).

4. Zukunft und Phantasie:

Phantasie und Intuition reichen über die unmittelbare Wirklichkeit hinaus und können all das beinhalten, was wir als Sinn einer Tätigkeit, Erfüllung des Lebens, Wunsch, Zukunftsmalerei oder Utopie bezeichnen. Man kann auf Konflikte reagieren, indem man die Phantasie aktiviert: Indem man Konfliktlösungen phantasiert, sich in Gedanken einen erwünschten Erfolg vorstellt oder Menschen, auf die man Wut hat, in der Vorstellung bestraft oder gar tötet (Ängste, Phobien und Wahnvorstellungen).

Streßfaktoren: Todesfälle, Verluste, Selbstzweifel, Schwinden beruflicher oder privater Zukunftsperspektiven, Berentung, Alter etc.

Das positive Vorgehen bedeutet in diesem Sinne, uns und andere Menschen so zu akzeptieren, wie wir oder sie gegenwärtig sind. Wir müssen in ihnen zugleich aber auch das sehen, was sie werden können. Dies bedeutet zunächst, den Menschen mit seinen Konflikten, Störungen und Krankheiten anzunehmen, um dann mit seinen noch unbekannten, verborgenen und durch die Krankheit verschütteten Fähigkeiten in Beziehung zu treten.

Leitfaden für die Leser

Dieses Buch soll einen Beitrag leisten, Ängste und Depressionen frühzeitig zu erkennen und einer adäquaten Behandlung zuzuführen. Wir werden deutlich machen, daß Menschen mit Ängsten und Depressionen keineswegs verrückt sind. In der Regel funktioniert ihr Verstand völlig normal. Vielmehr haben ihre *Ängste und Depressionen immer »gute«, aber oft verborgene Gründe*, die es für Ärzte, Therapeuten, Angehörige und besonders für die Betroffenen im Zusammenhang mit den besonderen Bedingungen ihres Lebens zu verstehen gilt. Das bessere Verständnis für die geheimen Nischen der menschlichen Seele erzeugt das *Vertrauen* und *Selbstvertrauen*, das wir benötigen, um uns den *zahllosen angstvollen oder unbekannten Situationen* in unserem Leben zu stellen. Unser positiver Ansatz erleichtert das *Bekenntnis zur eigenen Angst und Depression als einer grundsätzlich berechtigten und sinnvollen Reaktion.*

Im ersten Teil des Buches werden Ängste und Depressionen beschrieben, um sie begreifbar zu machen. Gleich im folgenden Kapitel werden Sie die vielfältigen Erscheinungsformen von Ängsten und Depressionen kennenlernen. Das 2. Kapitel ist den »guten« Gründen und dem tieferen Sinn von Ängsten und Depressionen gewidmet. Sie werden die vier Qualitäten des Lebens (Körper, Leistung, Kontakt, Zukunft) wiederfinden, die uns bei der Gliederung geleitet haben.

Im zweiten Teil des Buches stellen wir bewährte Strategien vor, die Ihnen zeigen, wie man mit Ängsten und Depressionen fertig werden kann. Diesen Teil können Sie durchaus vor dem ersten Teil lesen. Ein solches Vorgehen empfiehlt sich vor allem für jene Leser, die eine schnelle Orientierung und Hilfe suchen. Für das tiefere Verständnis von Ängsten und Depressionen ist jedoch die Lektüre des ersten Teiles unverzichtbar.

Erster Teil:
Angst und Depression erkennen
und verstehen

Die vielen Gesichter
von Angst und Depression

Angst ist nicht gleich Angst, und Depression ist nicht gleich Depression, vielmehr sind sie unterschiedlich, bei jedem Menschen einzigartig. Wenn Sie an Ihrer eigenen Angst und Depression arbeiten wollen oder anderen beistehen möchten, vergegenwärtigen Sie sich zunächst einmal das ganz konkrete Erleben. Die vielfältigen Facetten von Angst und Depression, ihre körperlichen, gedanklichen und die im Verhalten sichtbaren Ausdrucksformen sollen in diesem Kapitel deutlich werden.

Körperreaktionen und Sinne

Willst Du Dich selber erkennen, so sieh, wie die andern es treiben.
Willst Du die andern verstehn, blick in Dein eigenes Herz.
(Friedrich Schiller)

In unseren westlichen Leistungsgesellschaften verhält man sich eher verstandes- und erfolgsorientiert, so daß man nur ausnahmsweise offen über seine körperlichen Befindlichkeiten und Gefühle spricht. Viele Menschen vollbringen Tag für Tag das Kunststück, ihren eigenen Körper nicht einmal zu spüren. Wenn er sich dann hin und wieder doch ins Bewußtsein drängt, zum Beispiel durch eine Krankheit, dann versuchen sie die Symptome so lange wie möglich nicht zu beachten. Erst wenn die Beschwerden unerträglich werden, wenden sie ihrem Körper widerwillig Aufmerksamkeit zu. In der Regel erwarten sie dann von der Medizin schnellste

Wiederherstellung der Körpermaschine und nehmen dabei erhebliche Risiken und Nebenwirkungen in Kauf.

Trotz aller Unterschiede sind Ängste und Depressionen immer eine heftige Konfrontation mit dem eigenen Körper, und sie zwingen den Betroffenen unnachgiebig, sich intensiv mit sich selbst zu beschäftigen, bis er schließlich Hilfe sucht. Ängste und Depressionen sind Alarmzeichen des aufbegehrenden Körpers – und der sind wir letztendlich selbst.

Die Bearbeitung von Ängsten und Depressionen sollte mit dem unmittelbar körperlich Wahrgenommenen beginnen. Wie wir oben gesehen haben, ist eine allgemeine Verständigung über die Auslöser und Gründe von Ängsten und Depressionen problematisch, weil ihre Bewertung wesentlich vom persönlichen Erfahrungsschatz abhängt. Durch die körperlichen Reaktionen und Empfindungen verfügen jedoch alle Menschen über ein gemeinsames Erfahrungsrepertoire, das selbst über sprachliche und kulturelle Grenzen hinweg direkt mitgeteilt und nachempfunden werden kann: Wenn uns ein Freund sagt, daß es ihm den Hals zuschnürt, er schwer Luft bekommt, das Gefühl eines Pfropfens in der Kehle hat, ständig würgen muß und dabei schweißgebadet ist, dann können wir seine Aussagen unmittelbar nachvollziehen. Vielleicht spüren wir bei seiner eindrucksvollen Schilderung sogar selbst eine leichte Beengung im Hals, und es wird uns etwas warm. Wir müssen es nicht selbst in dieser Form erlebt haben, um zu verstehen, daß unser Freund in Not ist. Unabhängig von der Ursache für seinen schlimmen Zustand werden wir den Wunsch verspüren, ihm beizustehen und für Abhilfe zu sorgen.

Ängste und Depressionen können sich grundsätzlich in jeder Form von Körperreaktion und Körpersensation äußern. Bestimmte Körperempfindungen sind jedoch besonders häufig und charakteristisch. Diese haben wir in zwei Listen zusammengestellt, so daß in ihrer Gegenüberstellung die Ähnlichkeit der Symptome von Ängsten und Depressionen besonders gut sichtbar wird.

Unter den beschriebenen Symptomen leiden viele Menschen chronisch, ohne zu wissen, daß sie möglicherweise an Ängsten und Depressionen leiden. Der geängstigte menschliche Organismus ist ausgesprochen erfinderisch. Er kann durch massive körperliche,

	Körpersymptome bei Angst	**Körpersymptome bei Depressionen**
allgemein:	Erschöpfung	Abgeschlagensein
	Schwitzen	Hitzewallungen
	Frösteln	schnelles Frieren, Zittern
	Kreislaufstörungen	allgemeine Überempfindlichkeit
		Kraftlosigkeit
		Gefühl von Leblosigkeit
		Gefühl von innerer Leere
		Gefühl wie unter Strom
Kopf:	Kopfdruck	Kopf wie Blei
	Kopfschmerzen	Kopfschmerzen
	Flimmern vor den Augen	Sehstörungen
	Ohrsausen	Druck auf den Ohren, Ohrgeräusche, Hörstörungen
		Zahnschmerzen
		belegte Zunge, Zungenbrennen
		schlechter Geschmack im Mund, Mundgeruch
Hals:	Kloßgefühl	Kloßgefühl
	Würgegefühl	Würgegefühl
	Durst, trockene Kehle	zugeschnürter Hals
Brust:	Druckgefühl	Druckgefühl (wie ein zentnerschwerer Stein)
	Luftnot, stockendes Atmen	Beengung im Brustkorb
	Brustschmerzen	Schmerzen in der Herzgegend
	Herzklopfen	Herzschlagen bis zum Hals
	Erstickungsgefühl	quälende Unruhe in der Brust
	schneller Herzschlag	Herzrasen
	schnelles Atmen (Hyperventilation)	schweres, unregelmäßiges Atmen

	Körpersymptome bei Angst	**Körpersymptome bei Depressionen**
Magen-Darm:	Appetitlosigkeit	Appetitlosigkeit
	flaues Gefühl im Bauch	Unruhe und Druck-gefühl im Bauchraum
	Blähungen	Völlegefühl, Blähungen
		Sodbrennen, Aufstoßen
	Übelkeit, Brechreiz	Übelkeit, Brechreiz, Erbrechen
	Durchfall (sich vor Angst in die Hose machen)	Durchfall oder Verstopfung (auch im Wechsel)
		Gewichtsverlust
		Heißhunger, unkontrolliertes Essen von Süßem
Blase:	Druckgefühl in der Blase	Druck und Ziehen in der Blase
	plötzlicher Harndrang	häufiger Harndrang
		Urin kann schwer eingehalten werden
		Schmerzen beim Wasserlassen
Bewegungs-apparat:	Zittern	Verspannungen im Nacken
	Muskelzucken	und in der Schulter
	unkoordinierte	Glieder- und Rückenschmerzen
	Bewegungen der Hände	Ischias
	weiche Knie	schwere Beine
	Taubheitsgefühl	
Sexualität:	kein sexuelles Verlangen	kein sexuelles Verlangen
	Potenzstörungen	Potenzstörungen
	Verkrampfung und	Verkrampfung und
	Schmerzen beim	Schmerzen beim
	Verkehr	Verkehr
	verfrühter oder	Störungen der Periode
	verzögerter Samenerguß	Aussetzen der Monatsblutung

Körpersymptome bei Angst	Körpersymptome bei Depressionen
geistige Funktion: Beben oder Versagen der Stimme	Leeregefühl im Kopf
	ständige Müdigkeit
Konzentrationsstörungen	Konzentrationsstörungen
Gedächtnisstörungen	Gedächtnisstörungen
Gedankenblockade	Gedankenblockade
Schlafstörungen	Schlafstörungen

häufig wechselnde Symptome dem Betroffenen und seinen Ärzten eine bedrohliche Organerkrankung vortäuschen, so daß die zugrundeliegenden Ängste und Depressionen nicht selten jahrelang unerkannt und unbehandelt bleiben. Im zweiten Teil dieses Buches zur *Hilfe und Selbsthilfe* zeigen wir, wie durch vertiefte Wahrnehmung der Körperreaktionen das diffuse Erleben von Ängsten und Depressionen sinnlich konkret faßbar gemacht werden kann und auf diese Weise ein Zugang zu deren verborgenen Bedingungen und ihrem Sinn möglich wird.

Sinnestäuschungen und Angst
Ein Asthmatiker wurde in seinem Bett von einem schweren Asthmaanfall überrascht. Es war dunkle Nacht, er befand sich in einem Hotel und meinte, er müßte ersticken. Er stürzte zur Tür, öffnete sie und atmete mehrfach tief durch. Die frische Luft tat ihm gut, und sein Asthmaanfall ließ bald nach. Als er am nächsten Morgen erwachte, stellte er fest, daß er nicht die Tür des Zimmers geöffnet hatte, sondern lediglich die Tür des Kleiderschrankes.

Wie wir gesehen haben, werden Menschen in Angst und Depression oft mit unangenehmen Körperempfindungen überflutet. Ihre Aufmerksamkeit gilt fast gänzlich den befürchteten Reaktionen ihres Körpers oder dem Bereich ihrer Umgebung, von dem sie etwas Bedrohliches erwarten. Auf diese Weise verlieren sie völlig den Blick für die innere und äußere Wirklichkeit. Dieses Problem wird in der Fachsprache »selektive Wahrnehmung« genannt. Die fatalen

Folgen selektiver Wahrnehmung sind, daß die Betroffenen nur das sehen, hören und fühlen, was sie in ihren Befürchtungen bestärkt. Informationen, die der ängstlichen Erwartung entgegenstehen, nehmen sie nicht oder weniger intensiv wahr.

Ein erfolgreicher 27jähriger Unternehmensberater mit gewohnt souveränem Auftreten leidet zunehmend an der Angst, bei Kundenvorträgen zu zittern, weiche Knie und Schwindel zu bekommen und schließlich die Präsentation abbrechen zu müssen. Selbst gegenüber Kollegen und Freunden zittern seine Hände. So daß er bei seiner Arbeit schließlich mehr mit seinen Händen beschäftigt ist als mit seinen Aufgaben. Besorgt beobachtet er seine Umgebung, ob jemand seine Unsicherheit bemerkt haben könnte. Mehr und mehr fühlt er sich erschöpft und den Anforderungen seines Berufes nicht mehr gewachsen – da erleidet er einen Hörsturz und kämpft seitdem mit Ohrgeräuschen und Schlafstörungen. Monatelang ist er nun arbeitsunfähig und wird vergeblich mit Infusionen behandelt. Aufwendige Untersuchungen bei einem Hals-Nasen-Ohren-Arzt, Hirnstrommessungen bei einer Neurologin, Röntgen und Kernspintomographie erbringen keinen Befund. Endlich gelingt es dem jungen Mann im zufälligen Gespräch mit einem psychotherapeutisch ausgebildeten Arzt, die qualvolle Angst davor, daß seine glänzende Karriere zerbrechen könnte, einzugestehen.

Bei fast allen Angstpatienten ist diese Einengung und Konzentration der Aufmerksamkeit auf das befürchtete Symptom zu beobachten: So hört dieser Unternehmensberater die *kritische Frage* eines Teilnehmers seiner Präsentation überdeutlich. Sie ist für ihn der Beweis, daß seine Unzulänglichkeit bereits durchschaut ist. Gleichzeitig entgeht ihm völlig das freundliche Interesse oder zustimmende Nicken anderer Teilnehmer, das ihn beruhigen und ermutigen könnte. Sie sehen daran, wie überaus wichtig das Wahrnehmungstraining bei der Angstbehandlung ist. Im zweiten Teil dieses Buches werden wir es deshalb ausführlich behandeln.

Veränderungen des Denkens

Der Mensch lebt noch keine hundert Jahre,
doch er macht sich Sorgen für tausend.
(Orientalische Weisheit)

Denken Sie bitte einmal an eine Situation, in der Sie Angst hatten, zum Beispiel die letzten Minuten vor einer Prüfung, den ersten Sprung vom Dreimeterbrett, das erste Rendezvous oder ähnliche Situationen. Erinnern Sie sich an das Herzklopfen, die weichen Knie, das Kloßgefühl im Hals oder wie immer Sie reagiert haben? Wissen Sie noch, welche Gedanken Ihnen durch den Kopf fuhren? – Ich werde bestimmt durchfallen! – Ich darf mich nicht blamieren! – Hoffentlich geht das gut! – Das schaffe ich nie! Mit solcherlei *kreisenden* Gedanken quälen uns Ängste und Depressionen häufig. In endlos wiederkehrenden Selbstgesprächen vagabundieren sie unkontrolliert herum und lenken uns von der unmittelbar sinnlichen Erfahrung der Wirklichkeit ab. Das Schlimmste daran ist, daß sie uns vorgaukeln, selber die Wirklichkeit zu sein – was sich bis in die Entwicklung von echten Wahnideen hinein steigern kann, in denen sie vollends bizarre Formen annehmen (siehe Seite 46).

Wir alle tragen ein Bündel von Überzeugungen über uns und diese Welt mit uns herum, die wir irgendwo und irgendwann einmal gelernt haben, meist von unseren Eltern. Viele dieser Denkweisen sind wichtige »Kognitionen«, mit deren Hilfe wir uns im Leben orientieren. Aber so manche von ihnen ist nichts als eine unselige, beängstigende und deprimierende Verzerrung der Realität, wie ein unkorrigierbares Vorurteil. Das Tückische ist, daß auch die *falschen Kognitionen* in ihrer Form und Sprache durchaus vernünftig und einleuchtend erscheinen und man sie deshalb von den *richtigen* kaum zu unterscheiden vermag. Besonders hartnäckig halten sie sich, wenn sie durch Übereinstimmung mit der Auffassung anderer Mitglieder der gleichen sozialen oder kulturellen Gruppe immer wieder bestätigt werden.

Die häufigsten Gedanken und schädlichen Überzeugungen bei Angst und Depression sind hier zusammengestellt:

Bildhafte Vorstellungen

Ich sehe schon vor mir, wie ich keinen Ton herausbekomme.

Wenn ich nur daran denke, wie sich die Türen des Flugzeugs schließen, bleibt mir die Luft weg.

Ich träume schon davon, daß mich alle auslachen.

Es läuft immer wieder ein Film in mir ab: Ich verliere beim Autofahren die Kontrolle und rase in den Gegenverkehr.

Generalisierungen

Ich habe immer Pech.

Niemandem kann man trauen.

Meine Bedürfnisse interessieren doch sowieso niemanden.

Wenn die anderen wüßten, wie ich bin, würde mich keiner mehr mögen.

Man darf anderen nicht zur Last fallen.

Jeder muß mit seinem Schicksal allein fertig werden.

Es lohnt sich nicht, sich anzustrengen.

Selbstabwertungen

Ich kann das nicht.

Ich schaffe das nie.

Ich bin dumm.

Ich bin nichts wert.

Ich habe kein Recht zu leben.

Ich falle anderen nur noch zur Last.

Ich bin an allem schuld.

Das ist die Strafe für meine Sünden.

Polarisierung in richtig und falsch

Unser Denken hat die Tendenz, die Welt in Gegensatzpaaren zu ordnen: hell–dunkel, oben–unten, Mann–Frau usw. Solange diesem Ordnungsprinzip Gegensätze in der Natur entsprechen, ist es für die Erkenntnis der Realität unverzichtbar. Aber wenn es auch bei Qualitäten Anwendung findet, die an sich nicht polarer Natur sind, kommt es zu groben Verkennungen der realen Verhältnisse.

Die halbe Wahrheit

Der Prophet Mohammed kam mit einem seiner Anhänger in eine Stadt, um zu lehren. Bald gesellte sich ein Anhänger seiner Lehre zu ihm: »Herr! In dieser Stadt geht die Dummheit ein und aus. Die Bewohner sind halsstarrig. Man möchte hier nichts lernen. Du wirst keines dieser steinernen Herzen bekehren.« Der Prophet antwortete gütig: »Du hast recht.« Bald darauf kam ein anderes Mitglied der Gemeinde freudestrahlend auf den Propheten zu: »Herr! Du bist in einer glücklichen Stadt. Die Menschen sehnen sich nach der rechten Lehre und öffnen ihre Herzen deinem Wort.« Mohammed lächelte gütig und sagte wieder: »Du hast recht.« »Oh, Herr«, wandte da der Begleiter Mohammeds ein, »zu dem ersten sagtest du, er habe recht. Zu dem zweiten, der genau das Gegenteil behauptet, sagst du auch, er habe recht. Schwarz kann doch nicht weiß sein.« Mohammed erwiderte: »Jeder Mensch sieht die Welt so, wie er sie erwartet. Wozu sollte ich den beiden widersprechen? Der eine sieht das Böse, der andere das Gute. Würdest du sagen, daß einer von beiden etwas Falsches sieht? Sind doch die Menschen hier wie überall böse und gut zugleich. Nichts Falsches sagte man mir, sondern nur Unvollständiges.«

(Peseschkian, *Der Kaufmann und der Papagei*, Frankfurt am Main 1979)

Die folgenreichste Verkennung der Realität resultiert aus der natürlichen *egozentrischen Funktionsweise unseres Gehirns*, durch die wir uns selbst als Mittelpunkt des Universums erleben. Wenn wir unsere Bedürfnisse und Bewertungen, uns selbst und unsere Seinsweise, als »richtig« und »gut« setzen, empfinden wir alles davon Abweichende als »falsch« und »schlecht«. Aber auch umgekehrt kommt es häufig vor, daß Individuen sich selbst als *verkehrt* erleben und alle anderen *O. K.* finden. In keinem Fall jedoch kommt die Polarisierung in »richtig« und »falsch« den wirklichen Dingen zu. Vor allem in unserer hochorganisierten demokratischen Gesellschaft, die politisch und wirtschaftlich auf enge Verbindungen mit Europa und der ganzen Welt angewiesen ist, werden Verständigung und Ausgleich mit dem Andersartigen und Fremden überlebenswichtig.

Vergleiche

Im engen Zusammenhang mit der Neigung, die Welt in »gut« und »schlecht« einzuordnen, steht die Tendenz, alles, was wir wahrnehmen, mit dem, was wir bereits kennen, zu vergleichen. Auch das ist eine natürliche und wichtige Funktion, die es uns beispielsweise ermöglicht, wissenschaftliche Beobachtungen zu ordnen oder qualitäts- und preisbewußt einzukaufen. Doch Vergleiche werden zu einer Geisel, wenn wir sie auf Unvergleichbares anwenden. Vor allem die Einzigartigkeit und Komplexität der individuellen menschlichen Persönlichkeit kann nicht durch Vergleiche begriffen werden.

Vergleiche hinken
Zum Arzt kam ein Schuster, der unter starken Schmerzen litt und dem Tode nahe schien. Der Arzt gab sich Mühe, fand aber kein Rezept, das hätte helfen können. Ängstlich fragte der Patient: »Gibt es nichts mehr, was mich retten kann?« *Der Arzt antwortete:* »Ich kenne leider keine anderen Mittel.« *Darauf antwortete der Schuster:* »Wenn nichts mehr hilft, dann habe ich zum Schluß noch einen Wunsch. Ich möchte einen Eintopf mit zwei Kilo dicken Bohnen und einem Liter Essig.« *Der Arzt hob resigniert die Schultern:* »Ich halte nicht viel davon, aber wenn Sie meinen, können Sie es versuchen.« *Die Nacht über wartete der Arzt auf die Todesnachricht. Am nächsten Morgen aber war der Schuster zum Erstaunen des Arztes quicklebendig und gesund. So schrieb er in sein Tagebuch:* »Heute kam ein Schuster zu mir, für den es kein Mittel mehr gab. Aber zwei Kilo Bohnen und ein Liter Essig haben ihm geholfen.«
Kurze Zeit darauf wurde der Arzt zu einem schwerkranken Schneider gerufen. Auch in diesem Fall war er am Ende seiner Kunst und gestand dem Schneider dies ein. Der bettelte: »Wissen Sie nicht doch noch eine Möglichkeit?« *Der Arzt dachte nach und sagte:* »Nein, aber vor nicht allzu langer Zeit kam ein Schuster zu mir, der unter ähnlichen Beschwerden litt wie Sie. Ihm halfen zwei Kilo Bohnen und ein Liter Essig.« »Wenn nichts mehr hilft, werde ich das halt versuchen«, *antwortete der Schneider. Er aß die Bohnen mit Essig und war am nächsten Tag tot. Daraufhin schrieb der Arzt in sein Tagebuch:* »Gestern kam ein Schneider zu mir. Ihm war nicht zu helfen. Er aß zwei Kilo dicke Bohnen mit einem Liter Essig,

und er starb. Was für die Schuster gut ist, ist nicht gut für die Schneider.«
(Peseschkian, *Der Kaufmann und der Papagei*)

Wir tun uns selbst und unseren Mitmenschen unrecht, wenn wir ständig Vergleiche ziehen. Wenn wir zum Beispiel einen geliebten Menschen verloren haben und unseren neuen Partner ständig an diesem messen, wird unsere Aufmerksamkeit nur den wenigen Eigenschaften gelten, in denen sich der eine von dem anderen unterscheidet. Dabei übersehen wir möglicherweise viele wunderbare Eigenarten, die den neuen Lebensgefährten auszeichnen. Aber auch wenn wir uns selbst fortwährend an anderen messen, sind die Auswirkungen auf unser Selbstwertgefühl und Selbstvertrauen verheerend. Verzweifelt werden wir einem *Anderssein* nachlaufen, uns verbiegen und quälen und dennoch immer unzufrieden bleiben mit der Art, wie wir sind.

Tyrannisches Pflichtgefühl

Die Polarisierung in »richtig« und »falsch« sowie die Neigung zum Vergleichen begünstigen eine innere Haltung, die unter der »Tyrannei des Sollens« steht. Die unheilvollen Überzeugungen von Perfektion und Pflichterfüllung, die der inneren Tyrannei zugrunde liegen, lauten etwa:
Du solltest in der Lage sein, alles zu ertragen.
Ich muß besser sein als die anderen.
Du mußt alles verstehen und jeden mögen.
Du sollst immer produktiv sein.
Ich muß um jeden Preis durchhalten.
Man darf sich nichts anmerken lassen.
Ohne Abitur bist du nicht viel wert.
Wenn ich mich blamiere, kann ich mich hier nicht mehr blicken lassen.

Schuldvorwürfe

Im engen Zusammenhang mit dem tyrannischen Pflichtgefühl und der damit einhergehenden Selbstabwertung finden wir häufig extreme Schuldgedanken. Sie lassen sich unterscheiden in unvermeidbare und tragische Schuld, echte ethische Empfindung und

Verantwortungsgefühl, aber auch in gänzlich unehrliche Schuldgefühle. Hinter dieser Palette von Schuldvorwürfen verbirgt sich
gewöhnlich die Angst, »schlecht dazustehen«, die Gunst anderer
zu verlieren oder irgendwelche Nachteile zu haben.

Die Illusion eines bequemen Lebens

»Ich will mich nicht anstrengen!« wird zur Lebensphilosophie unserer Zeit. »Wohlstands- oder Wegwerfgesellschaft« sind Synonyme
einer modernen Lebensweise, in der die zunehmende Technisierung
aller Lebensbereiche für ein hohes Maß an Bequemlichkeit gesorgt
hat. Die Werbemaschinerie verheißt erfolgreich ein lustvolles Leben
ohne Anstrengung, und tatsächlich bleiben uns die großen Mühen
früherer Generationen weitgehend erspart. Die Folgen dieser Be-
quemlichkeits- und Genußkultur sind enorme Belastungen der
Umwelt und die sogenannten »Wohlstandskrankheiten«: medizinische Risikofaktoren wie Bewegungsarmut, Überernährung, Über-
gewicht und Stoffwechselstörungen. Aber auch Lebensüberdruß,
Langeweile und Sinnentleerung mit Flucht in den Alkohol-, Niko-
tin- und Drogenkonsum. Schauen Sie sich in Ihrem Bekanntenkreis
einmal nach wirklich selbstbewußten Menschen um, die ein er-
fülltes Leben führen! Garantiert ist deren Leben nicht bequem.
Selbstbewußtsein und Lebensfreude sind in der Regel das Ergebnis
konsequenten persönlichen Einsatzes, von Disziplin und harter
Arbeit. Lebensglück gibt es eben nicht zum Nulltarif.

Die Illusion eines angstfreien Lebens

Noch niemals hatte die Menschheit soviel Angst wie heutzutage,
und noch niemals hatte sie soviel Grund dazu.
(Bertrand Russell)

Wie für die Bequemlichkeitskultur zahlen wir auch für die »Kultur
der Angstvermeidung« einen hohen Preis. Die verleugnete Angst
vor den aktuellen Bedrohungen der Menschheit, wie das atomare
Vernichtungspotential, neue Krankheiten, die Gefahr eines ökologischen Kollapses und die Unfähigkeit, sich mit den Grundfragen
des Menschseins auseinanderzusetzen, die sich in Begriffen wie
Leid, Sterben, Tod, Schicksal, Moral, Sinn oder Gott erhalten haben, dringt durch die Hintertür unerbittlich ins Bewußtsein und

macht sich als scheinbar irrationale oder neurotische Angst in uns breit. So erklärt sich die Zunahme von Angsterkrankungen und depressiven Störungen, die wir in der ärztlichen oder psychotherapeutischen Praxis beobachten. Ein Leben ohne Angst ist eine Fiktion. Zwar kann man sich vorübergehend mit Drogen, Alkohol und Medikamenten betäuben, aber im Endeffekt wird damit alles nur noch schlimmer. Geben wir also endlich die Hoffnung auf, unseren Ängsten davonlaufen zu können. Stellen Sie sich Ihrer Angst!

Der Mythos von der Unabänderlichkeit des Schicksals

Viele Menschen leben mit der Überzeugung: »Mir ist es nicht bestimmt, glücklich zu sein!« Tatsache ist, daß es in jedem Leben Fakten gibt, die wir uns nicht aussuchen konnten: Unsere Eltern haben wir nicht wählen können, nicht unsere Hautfarbe und nicht den Zeitpunkt unserer Geburt. Selbstverständlich gibt es körperliche Determinationen, angeborene Qualitäten oder Defizite und regelrechte Schicksalsschläge, denen wir ausgeliefert sind. Zudem gelten für uns Naturgesetze und soziale Spielregeln, die unseren Möglichkeiten Grenzen setzen. Für den Alltag gilt jedoch die Regel, daß alles, was mit uns geschieht, in erster Linie eine Folge des eigenen Wollens, Denkens, Tuns und nicht zuletzt unserer Ängste ist. Jeden Tag erschaffen wir uns und das, was wir erleben, neu. Wir erschaffen die Bilder, die wir sehen, und entscheiden, ob die Dinge, die uns begegnen, gut oder schlecht sind.

Wilde Ratten

Wenn man wilde Ratten in einen mit Wasser gefüllten Glaszylinder wirft, aus dem es kein Entrinnen gibt, schwimmen die Tiere in großer Erregung etliche Minuten umher, sinken dann ab und ertrinken. Gibt man einer Vergleichsgruppe wilder Ratten in derselben Situation die Gelegenheit, sich über einen Stock zu retten und bringt sie erst dann in die ausweglose Lage ohne Stock, dann schwimmen sie bis zur völligen Erschöpfung, an die 80 Stunden lang. Allein die Erfahrung, daß es einen Ausweg geben kann, ermöglicht der zweiten Gruppe diese ungeheure Anstrengung.

Wenn wir unser Leben wirklich verändern wollen, hundertprozentig, dann werden wir es auch verändern. Vielleicht wird das Ergebnis nicht ganz exakt mit unserer Zielsetzung übereinstimmen, aber die Richtung können wir auf jeden Fall kräftig beeinflussen. Gesetze und Spielregeln, die es dabei zu beachten gilt, sind erlernbar, zumal heute jedem von uns Lehrer, Berater, Therapeuten und ein riesiges Medienangebot zur Verfügung stehen. Als Vorbild und Lebenshilfe können auch Freunde und Verwandte mit ihren Erfahrungen Pate stehen. Nutzen Sie alle Möglichkeiten.

Wahngedanken
Kommunistische Agenten hören meine Wohnung ab.
Das Essen schmeckt so metallisch, sicher ist es vergiftet.
Ich weiß, daß ich unheilbar krank bin.
Vor zwei Tagen sprach der Papst im Fernsehen von der Sünde, da wußte ich sofort, daß ich gemeint bin.
Ich bin zu nichts nutze und völlig überflüssig.
Meine Familie wird erleichtert sein, wenn ich endlich tot bin.

Unter einem *Wahn* verstehen wir unkorrigierbare Bedeutungen, Überzeugungen und Erwartungen, die weitgehend einer realen Grundlage entbehren. Zusammen mit den Trugwahrnehmungen kann der Wahn ein in sich logisches System bilden, deshalb ist es in der Regel so sinnlos, den Wahnkranken von der Unsinnigkeit seiner Ideen überzeugen zu wollen. Der Kranke wird dadurch eher noch mehr beunruhigt, verliert das Vertrauen, verschließt sich oder wird schlimmstenfalls aggressiv.

Nicht alle Betroffenen leiden unter ihren Wahnvorstellungen, und viele ihrer Ideen sind durchaus sozial verträglich. Sie bedürfen keiner Behandlung. Für die meisten Wahnkranken jedoch, für ihre Angehörigen und Freunde sind diese paranoiden Überzeugungen äußerst leidvoll und quälend. In diesen Fällen ist eine psychiatrische Fachbehandlung geboten. Der Wahn und die Halluzinationen treten überwiegend als Symptome der Psychosen auf.

Konsequenzen für das Verhalten

Entsprechend der Einseitigkeit der Wahrnehmung und Erwartung ist auch der Handlungsspielraum von ängstlichen und depressiven Menschen stark eingeschränkt. Angesichts der vermeintlichen Bedrohung sehen die einen nur die Möglichkeit des Rückzugs, der Vermeidungshaltung und Resignation. Die anderen treten die Flucht nach vorne an, sind aggressiv, schroff, verletzend oder rücksichtslos. Tragisch allerdings ist die Kombination von Rückzug und Aggression, die zu Depressionen führt und sogar im Selbstmord enden kann. Durch das gehemmte oder aggressive Verhalten manövriert sich der Geängstigte groteskerweise in eine Situation, in der sich seine Befürchtungen bewahrheiten. Das nennen wir dann *self-fulfilling prophecy*, eine sich selbst erfüllende Prophezeiung:

Ein 52jähriger Gymnasiallehrer leidet an Herzrhythmusstörungen, Schlaflosigkeit, Erschöpfung und depressiver Verstimmung. Seine größte Angst gipfelt in der Vorstellung, von seinen Schülern und Kollegen »fertiggemacht zu werden«. Vor den Schülern tritt er deshalb betont kameradschaftlich und antiautoritär auf. Einen erheblichen Teil seiner Freizeit verwendet er auf eine spannende Unterrichtsplanung, so daß auch die unwilligsten Schüler mitgerissen werden. Dennoch verunsichern ihn Unaufmerksamkeiten und Provokationen einzelner Schüler so sehr, daß er im Unterricht Fehler macht. Wird er daraufhin von den Schülern kritisiert oder gar verlacht, so verliert er die Fassung, schimpft, wird unfair und droht sogar, so daß er eines Tages vom Schulleiter gezwungen werden muß, einen ungerechtfertigten Eintrag im Klassenbuch zurückzunehmen. Mit immer neuen Anstrengungen versucht er, die Anerkennung von Schülern und Kollegen zu gewinnen, doch er wird zunehmend unkonzentriert. Die Fehler und Konflikte mit den Schülern häufen sich. Einige Eltern reichen Beschwerden ein, und vom Kollegium fühlt er sich mehr und mehr ausgeschlossen. Immer häufiger gewahrt er feindselige Empfindungen gegen die Schule, die Schüler und Kollegen, während ihn zugleich schwere Selbstzweifel quälen. Schließlich wird er wegen seiner Herzbeschwerden krank geschrieben.

Einsichten und Erkenntnisse allein helfen in derartigen Verstrickungen wenig. Um aus einer solchen Spirale der Verzweiflung herauszukommen, müssen sie sich im Verhalten niederschlagen können, zum Beispiel durch ein gezieltes *Verhaltenstraining* im Rahmen einer Psychotherapie. (Siehe: zweiten Teil, Stufe 3 und 4)

Zukunftserwartungen

Der Blick eines Ängstlichen oder Depressiven auf die Zukunft ist in unheilvoller Weise eingeengt und aussichtslos. Er kann sich für sein zukünftiges Leben nur das vorstellen, was er bereits als schmerzliche Erfahrung kennt. Oder er malt sich alle Details der Katastrophe aus, in die er zwangsläufig hineinsteuert, eine hoffnungslose Perspektive!

Das Ganze hat aber auch eine Kehrseite, die wir im zweiten Teil des Buches beleuchten werden. Es kann nämlich durchaus heilsam sein, die Befürchtungen und erdrückenden Visionen in allen Einzelheiten zu Ende zu denken: Die innere Vorbereitung auf das *denkbar Schlimmste* in allen Konsequenzen ist ein wichtiger Schritt zur Bewältigung der Angst. Erst danach wird die Zukunft als Freiraum für neue Möglichkeiten, Erfahrungen und Fähigkeiten begriffen, und das Leben kann in gewisser Weise neu entworfen werden. (Siehe: zweiten Teil, Zielerweiterung, Seite 186)

Masken der Angst und Depression

Inzwischen wird deutlich geworden sein, daß sich die ängstliche oder depressive Grundstimmung eher verbirgt, als offen zutage zu treten. Versteckt hinter allerlei Befindensstörungen und einer Palette psychosomatischer Symptome muß sie erst gefunden werden. Als besonders eindrucksvolle Maskierung einer Angstproblematik wirken Verhaltensweisen und Persönlichkeitsmerkmale, die sozial unauffällig, gesellschaftlich weitgehend akzeptiert oder sogar erwünscht sind: Unterwürfigkeit, Mitläufertum und Selbstverleugnung beschwichtigen mögliche Angreifer, Macht- und Geltungsstreben sichern eine Position maximaler Stärke gegen etwaige Angriffe. Tagträume, Alkohol-, Drogen- oder Medikamentenmißbrauch zählen zwar eher zu den selbstschädigenden Verkleidungen, aber den Zweck der Flucht aus einer beängstigenden Realität erfüllen sie auch. Nicht selten sind Verbitterung, Mißgunst oder chronischer Pessimismus Ausdruck einer verzagt aggressiven Lebenseinstellung mit depressiv-resignativen Zügen.

Medizinische Bezeichnungen

Phobien bezeichnen Zustände unangemessener Furcht vor bestimmten Objekten oder Situationen:
- Eine besonders folgenschwere Phobie ist die Platzangst oder *Agoraphobie*. Die von ihr Betroffenen müssen öffentliche Plätze mit vielen Menschen strikt meiden. Das kann so weit gehen, daß sie im Extremfall nicht mehr wagen, ihre Wohnung zu verlassen.
- Sehr verbreitet ist die *soziale Phobie*. Die darunter leiden, befürchten unablässig, vor anderen zu versagen, sich lächerlich zu machen oder gedemütigt zu werden.
- Daneben gibt es eine Reihe *spezifischer Phobien*, wie zum Beispiel die Angst in engen Räumen, die *Klaustrophobie*, und vielerlei Tierphobien.

Panikstörungen sind plötzliche Angstattacken, die wie aus heiterem Himmel auftreten. Für die Betroffenen gibt es keinerlei erkennbaren Auslöser, das steigert ihr Gefühl des Ausgeliefertseins und löst neue Panik aus. Solche Attacken häufen sich in der Regel und können sogar mehrmals täglich auftreten.

»Generalisierte Angststörung« nennt man eine überzogene und fortwährende Besorgnis in alltäglichen Situationen, so zum Beispiel die ständige Befürchtung, dem Ehemann oder den Kindern könnte etwas passieren.

Psychotische Ängste nehmen eine Sonderstellung ein. Sie erscheinen auf extreme Weise absonderlich und gehen zudem mit auffälligen Persönlichkeitsveränderungen einher. Dem behandelnden Arzt zeigt sich etwa folgendes Bild:

Im Gespräch mit den Betroffenen entwickelt sich kein rechter Kontakt. Die Betroffenen sind verschlossen, mißtrauisch bis feindselig und aggressiv, erregt, unruhig und angespannt oder starr und bewegungslos. Häufig sind sie von Halluzinationen und Wahnvorstellungen gequält. Ihre Ängste sind nicht aus ihren besonderen Lebensumständen, ihrer Lebensgeschichte oder bestimmten Erlebnissen heraus zu verstehen. Wenn sie erzählen, vermißt man den angemessenen emotionalen Ausdruck. Es kommt vor, daß sie von den schlimmsten Dingen lächelnd erzählen oder keine Miene verziehen.

Solche Ängste können mit Gesprächen allein oder aus eigener Kraft nicht mehr bewältigt werden. Menschen, die unter psychotischen Ängsten leiden, gehören dringend in die Behandlung eines Nervenarztes.

Depression ist ein Sammelbegriff für verschiedenste Zustände lustloser Verstimmung, Niedergeschlagenheit, Interesse- und Antriebslosigkeit. Hauptunterscheidungen sind:
• die *depressive Reaktion* oder *reaktive Depression* in Folge äuße-

Mythische Wurzeln
Phobie kommt von »Phobos«, das heißt »Schrecken«: In der altgriechischen Mythologie war *Phobos* der Sohn des Kriegsgottes Ares und der Aphrodite. Und die Krieger malten sein abschreckendes Abbild auf ihre Schilde in der Hoffnung, damit ihre Feinde einzuschüchtern.
Panik kommt von »Pan«, das ist der Name des altgriechischen Hirtengottes, der so häßlich war, daß seine Mutter davonlief, als sie sah, welch abstoßendes Kind sie geboren hatte. Im Zorn rächte sich Pan an den Menschen: Er erschreckte ihre Viehherden, so daß sie in heller Aufregung davonliefen und diesen Ort für immer mieden.

rer Auslöser, wie zum Beispiel nach Verlusten, Kränkungen oder belastenden Umständen.

- die *neurotische Depression* als eine späte Antwort auf frühe unbewußte Konflikte, Erfahrungen und Ängste. Oder, wie die Verhaltenstherapeuten meinen, das Ergebnis ungünstiger Lernprozesse.

- die *endogene Depression*, die in erster Linie auf biologische Gründe, Vererbung und Stoffwechselveränderungen im Gehirn zurückgeführt wird. Verstanden wird aber auch sie nur im Zusammenhang der Lebensumstände und der Lebensgeschichte des Betroffenen.

- die *larvierte Depression*, die oft als Organerkrankung mißverstanden wird. Sichtbar stehen bei ihr die körperlichen Beschwerden im Zentrum der Symptomatik und verbergen dadurch die seelischen Qualen.

- die *symptomatische Depression* ist das Gegenteil der larvierten Depression. Sie *erscheint* wie eine depressive Verstimmung, aber es liegt eine körperliche Krankheit zugrunde. Ein unentdeckter Diabetes zum Beispiel, eine Störung der Schilddrüsenfunktion, eine Vergiftung oder Krebs. Weil hier jedoch die seelischen Symptome so dominant sind, besteht die Gefahr, daß die körperliche Erkrankung unentdeckt bleibt.

Fazit

Sie haben erfahren, wie Sie Angst und Depression bei sich selbst und bei anderen wahrnehmen können. Sie wissen jetzt, daß sich Ängste und Depressionen gerne *maskieren*: Am auffälligsten zeigen sie sich paradoxerweise in den körperlichen Symptomen und im beruflichen und sozialen Verhalten. Darüber hinaus sind Sie nun in der Lage, auf die Besonderheiten der Sinneswahrnehmung, des Fühlens und des Denkens gezielter zu achten. Vor allem aber wurden Sie gewarnt vor den Auswirkungen der Ängste und Depressionen auf Ihre Zukunftsentwürfe. Unbeantwortet blieben vorläufig die Fragen nach den Ursachen von Angst und Depression und danach, ob sich ein lebenswichtiger Sinn in ihnen finden läßt.

Die »guten« Gründe für Angst und Depression

Die zerbrochene Schale
Eine verheiratete Frau hatte auf einer Reise einen Liebhaber ken-
nengelernt und mit ihm eine schöne Zeit verbracht. Wieder zu
Hause, dachte sie fortwährend an ihren Freund. Nichts konnte sie
mehr begeistern. Der Erfolg ihres Mannes war ihr gleichgültig
wie die Wolken am Himmel. Sie langweilte sich. Vor Trauer und
Langeweile wollte sie weinen, konnte aber nicht, weil sie befürch-
tete, ihr Weinen könnte sie und ihre geheimen Wünsche verraten.
Wie ungewollt ließ sie am Abend eine kostbare Schale fallen. Die
Schale zerbrach, und die Frau begann zu weinen, so herzzer-
brechend, daß ihr Mann ihr nicht böse sein konnte. Im Gegenteil,
zusammen mit der Schwiegermutter tröstete er seine Frau und
sagte: »*Meine geliebte Frau, so schlimm ist es doch nun wieder*
nicht. Die Schale ist deine Tränen nicht wert.« *Doch die Frau*
weinte sich ununterbrochen ihre Langeweile und ihren Kummer
vom Herzen.

Unseren Sehnsüchten und den scheinbar unendlichen Möglichkeiten und Köstlichkeiten der Welt steht die Endlichkeit des Lebens
gegenüber. In letzter Konsequenz muß jeder Mensch irgendwann
auf alles verzichten und Abschied vom Dasein nehmen. Diese
schwer zu begreifende und zu akzeptierende Perspektive ruft bei
vielen Menschen ein Gefühl von Beunruhigung, Bangigkeit oder
Weltschmerz hervor. Solche Verstimmungen gehören zum Leben
und bedürfen keiner besonderen Behandlung. Unser Buch ist jenen
Menschen gewidmet, deren Angst und Hoffnungslosigkeit ein

Ausmaß angenommen hat, durch das sie sich gefangen, ausgeliefert und an einem lebenswerten Leben gehindert fühlen. Oft erleben sie sich selbst als verrückt, doch das sind sie keineswegs. Mit wenigen Ausnahmen sind es Menschen mit einem völlig normal funktionierenden Verstand. Ihre *Angst hat immer einen guten, wenn auch oft verborgenen Grund*. In diesem Kapitel beschäftigen wir uns mit den vielfältigen »guten«, d. h. plausiblen Gründen für Ängste und Depressionen.

Körperliche Gründe

Anlage und Vererbung

Menschen sind von Geburt an verschieden. Schon unter Geschwistern fallen deutliche Unterschiede im Körperbau, in der Krankheitsanfälligkeit, in ihren Bedürfnissen und im Verhalten auf, trotz gleicher Umgebungsbedingungen. So ist auch die Bereitschaft, auf Reize aus der Umwelt zu reagieren, individuell verschieden. Menschen, die unter ausgeprägter Angst leiden, sind von Geburt an erregbarer und leichter durcheinanderzubringen als andere. Das ist keine Krankheit. Aber die erhöhte angeborene Irritierbarkeit eines Kindes erfordert von den Eltern eine besondere Berücksichtigung in der Erziehung. Und später verlangt es vom leicht reizbaren Erwachsenen eine seiner Veranlagung angemessene Lebensweise. Gelegentlich sind auch psychisch stabilisierende Medikamente hilfreich, um eine allzu starke Erregbarkeit und Irritierbarkeit auszugleichen.

Das Diktat des Schönheitsideals

Schöne Menschen haben es oft leichter. Bei der Partnerwahl, in der Schule oder im Beruf hängt nicht nur die äußere Attraktivität, sondern auch die Einschätzung innerer Werte wie Intelligenz, Ehrlichkeit, Zuverlässigkeit und Anstand beträchtlich von der körperlichen *Schönheit* ab. Der Siegeszug der visuellen Massenmedien hat die Bedeutung des Äußeren für fast alle Lebensbereiche weiter verstärkt. Darunter leiden vor allem Menschen, die mit auffälligen Entstellungen und Behinderungen zur Welt kommen oder sie sich im Laufe ihres Lebens zuziehen. Ihre äußere Andersartigkeit führt nicht selten dazu, daß sie Minderwertigkeitsgefühle entwickeln, die sowohl durch eine überfürsorgliche als auch durch eine ablehnende Haltung der Umgebung gefördert werden. Es bedarf einer starken Persönlichkeit und günstiger Bedingungen im sozialen Umfeld, damit stigmatisierte Menschen nicht in eine Außenseiterrolle geraten mit schlimmen Folgen für ihr seelisches Gleichgewicht. Glücklicherweise wirkt die Behinderung oft als starke Motivation zu außergewöhnlichen Leistungen, eine kompensatorisch wirksame Anstrengung.

Körperliche Krankheiten
Ängste und Depressionen sind keineswegs nur seelische Probleme. Oft verbirgt sich hinter ihnen eine körperliche Erkrankung, die zur *Irritation des zentralen Nervensystems* führt. Die nachfolgende Liste enthält die häufigsten Krankheiten, die bei unklaren Angstzuständen und Verstimmungen vom Arzt abgeklärt werden müssen:
• Diabetes mellitus
• Schilddrüsenerkrankungen, Über- oder Unterfunktion
• Herzerkrankungen
• Lungenerkrankungen
• Blutarmut, Eisenmangel
• organische Gehirnerkrankungen
• Nervenkrankheiten, Psychosen
• Epilepsie
• Mononukleose (Pfeiffersches Drüsenfieber)
• Phäochromozytom (Tumor der Nebenniere mit Überproduktion von Adrenalin)
• Cushing Krankheit (Nebennierentumor mit Überproduktion von Cortison)
• Lebererkrankungen, insbesondere infolge von Alkoholismus
Viele Menschen leiden unter *Störungen der Organfunktion*. Sie wird vom vegetativen Nervensystem gesteuert, das man auch autonomes Nervensystem nennt, weil es nicht der direkten willentlichen Beeinflussung unterliegt. Einige dieser Funktionsstörungen treten immer wieder gemeinsam mit Angsterscheinungen und Verstimmungen auf, so daß ein ursächlicher Zusammenhang angenom-

men werden muß. Körperliche Untersuchungen zeigen in diesen Fällen meist keinen nennenswerten Befund. Die häufigsten und bekanntesten Störungen der Organfunktion werden wir jetzt beschreiben und dabei erklären, warum sie Angst und Depression mit sich bringen können.

Unter dem *prämenstruellen Syndrom* leidet eine große Zahl von Frauen regelmäßig in den Tagen vor ihrer Periode. Zu ihren Beschwerden zählen Spannungsgefühle im Unterleib und in der Brust, Verdauungsstörungen, Kopfschmerzen, Gereiztheit und Verstimmungen. Als Ursache gilt der absinkende Östrogenspiegel vor der Monatsblutung, aber auch Einflüsse der Hypophyse werden vermutet. Zur Behandlung eignen sich körperliches Training, Vollwerternährung, Nahrungsergänzung mit Magnesium und Vitamin B$_6$ (Pyridoxin) und Keuschlammfrüchte (Vitex agnus castus z. B. in Agnolyt, Mastodynon, Feminon). Auch Kontrazeptiva (Antibabypillen) können hilfreich sein.

Niedriger Blutdruck, der für sich allein noch keine Krankheit ist, kann mit *Kreislaufstörungen* einhergehen, die sich als Schwarzwerden vor den Augen, Schwindelgefühl, Übelkeit, Herzklopfen und Angst äußern. Typisch sind kalte Hände und Füße. Nicht selten werden die Beschwerden von beängstigenden *Herzrhythmusstörungen* wie Herzstolpern oder Herzjagen begleitet. Ihr Auftreten führt die Betroffenen zum Arzt, der in der Regel jedoch nichts Krankhaftes finden kann. Gut hilft hier maßvolles, aber regelmäßiges körperliches Training, am besten in frischer Luft, Wechselduschen (heiß-kalt), Trockenbürsten und Sauna. Nur in schweren Fällen sind Medikamente angezeigt, dabei verzeichnen pflanzliche Mittel die geringsten Nebenwirkungen, z. B. die Kampfer-Weißdorn-Kombination Korodin bei Kreislaufproblemen und das Besenginster-Extrakt Spartiol bei schnellen Herzrhythmusstörungen. Wenn die funktionelle Symptomatik einer Schilddrüsenüberfunktion ähnlich ist, ohne daß die Schilddrüsenhormone im Blut wesentlich von der Norm abweichen, ist ein Versuch mit Wolfstrappkraut (Lycopus) gerechtfertigt.

Sehr beunruhigend sind *Schwindelsymptome*, die meist durch Veränderungen an der *Halswirbelsäule* ausgelöst werden. Charakteristisch ist die Provozierbarkeit der Beschwerden durch bestimmte Kopfhaltungen. Die häufigen Verspannungen, Blockierungen und Fehlhaltungen der Halswirbelsäule lassen sich ausgezeichnet mit Krankengymnastik, Massagen, Chirotherapie und Neuraltherapie behandeln.

Eine zentrale Stellung im Organismus kommt dem Darm und der *Darmflora* zu. »Darmflora« bezeichnet die natürliche Besiedelung der Darmschleimhaut mit Bakterien, die wichtige Aufgaben bei der Verdauung, Entgiftung, Immunabwehr und Vitaminbildung erfüllen. Der Magen-Darm-Trakt stellt eine riesige innere Kontaktfläche (ca. 200 Quadratmeter) mit der Außenwelt dar. Kein Einfluß der Außenwelt wirkt sich so regelmäßig, direkt und nachhaltig auf unsere innere Befindlichkeit aus wie die aufgenommene Nahrung. Das zeigt sich eindrucksvoll, wenn wir ein fremdes Land bereisen. Ohne daß das Essen verdorben sein muß, kommt es durch den Genuß ungewohnter Speisen häufig zu Magen-Darm-Reaktionen wie Übelkeit, Erbrechen und Durchfall. Wenn der Darm nicht in Ordnung ist, fühlen wir uns auch insgesamt nicht wohl. Müdigkeit, Kraft- und Lustlosigkeit, Verstimmungen und Kopfschmerzen sind bekannte Folgen. Neben den Nieren ist der Darm für die Ausscheidung jener Stoffe zuständig, die für den Körper unbrauchbar oder giftig sind. Wer an chronischer Verstopfung leidet, weiß, wie belastend sich die verzögerte Ausscheidung von Darmgiften auf das Wohlbefinden auswirkt.

Menschen mit Depressionen neigen eher zu chronischer Verstopfung (Obstipation), während bei der Angst häufige Entleerungen weichen Stuhls bis hin zu *Durchfall* typisch sind. Auch der Wechsel von Durchfall und Verstopfung ist ein häufiges Symptom der Angst. Ob Durchfall oder Verstopfung, meist liegt diesen Symptomen eine Störung der Darmflora zugrunde. Das bedeutet, daß die natürlichen, für die Gesundheit notwendigen Bakterien (vor allem Bifidobakterien und Lactobacillen) die schädlichen Bakterien und Pilze nicht mehr ausreichend verdrängen können. Die wichtigste Ursache für eine solche Fehlbesiedlung des Darmes ist eine ungeeignete Ernährung mit zu viel Zucker, Produkten aus weißem Mehl, Fast-Food, Konserven, Fertiggerichten und anderen industriell denaturierten Gerichten und Getränken. Die beste Abhilfe besteht in einer ballaststoffreichen *Vollwertkost* aus überwiegend frischen pflanzlichen Speisen und sauren Milchprodukten (Naturjoghurt, Buttermilch, Quark u. ä.). Die Gesundung der Darm-flora kann unter der Anleitung eines naturheilkundlich erfahrenen Arztes oder Heilpraktikers durch die Einnahme von sogenannten Darmsymbionten (z. B. *Symbioflor, Mutaflor*) wirksam gefördert werden.

Nicht zu vernachlässigen sind schließlich die *Zustände körper-licher Erschöpfung:* Schwere Krankheiten, chirurgische Eingriffe, extreme oder lang andauernde körperliche Belastungen im Beruf oder Sport hinterlassen gravierende seelische Auswirkungen. Eine ausreichend bemessene Erholungszeit oder Entlastung durch eine Kur kann Angstzuständen vorbeugen.

Suchtmittel und Medikamentenmißbrauch

Alkohol und Nikotin, rafft die halbe Menschheit hin.
Doch auch ohne Suff und Rauch stirbt die andere Hälfte auch.
(Lebensweisheit)

Eine Reihe von Genußgiften, Medikamenten und Drogen beein-trächtigen das Nervensystem, so daß Angsterscheinungen und De-pressionen hervorgerufen werden können. An erster Stelle muß hier der *Alkohol* genannt werden, der anfangs häufig als Entspan-nungs- und Aufheiterungsmittel benutzt wird, bald aber selbst ein gesundheitliches Problem darstellt. Er vergiftet nicht nur das Ner-vensystem, sondern schädigt auch die Leber, die dann ihre Entgif-tungsfunktion nicht mehr ausreichend erfüllen kann. Es kommt zur Entzündung der Leber, Gelbsucht tritt auf und im Entstadium sogar eine Leberzirrhose mit der Folge von Delirium und Koma. Ähnliches gilt für *Medikamente und Drogen*, die in der Absicht ein-genommen werden, Spannungen und bedrückende Stimmungen zu bekämpfen. Die zunehmende Abhängigkeit von diesen Mitteln be-wirkt jedoch letztendlich eine Verstärkung von Angst und Depres-sion.

Empfindliche Menschen müssen sogar auf Kaffee und schwarzen Tee verzichten, denn *Koffein* wirkt nur im ersten Moment so *wohl-tuend stimulierend* auf das Nervenkostüm. Die gewonnene Wach-heit ist leider nur »gepumpt«. Irgendwann verlangt der Körper die ihm abgetrotzte Aktivität zurück. Wird ihm dann die notwen-dige Erholung mit immer größeren Mengen an Kaffee verwei-

gert, reagiert er mit Irritationen, Ängsten und depressiver Erschöpfung.

Ein Wort zum *Zucker*: An sich ungiftig, wird er bei ausgiebigem Genuß in Süßspeisen, Cola und andern Limonaden zum gesundheitlichen Problem. Er schädigt die Darmflora und begünstigt das Wachstum krankmachender Pilze. Zucker stimuliert die Bauchspeicheldrüse so stark, daß sie das Hormon Insulin im Übermaß ausschüttet. Die Aufgabe des Insulins ist es nämlich, den Zucker in die Körperzellen einzuschleusen, die ihn – meist unerwünscht – in Fett umwandeln. Durch die überschießende Insulinausschüttung wird der Blutzuckerspiegel rasch gesenkt und sinkt nicht selten unter den Normalwert ab. Die Folge davon ist eine Unterzuckerung des Blutes. Unter ihr leidet vor allem das Gehirn, das ohne Zucker nicht arbeiten kann. Diese Unterzuckerung versucht man kurzerhand durch süße Speisen wieder auszugleichen, und der Teufelskreis ist geschlossen.

Man wird also leicht einsehen, daß ausgiebiger Zuckerkonsum und erhebliche *Schwankungen des Blutzuckerspiegels* das zentrale Nervensystem unnötig belasten. Der beste Weg zu stabilen Blutzuckerwerten ist eine ausgewogene Vollwertkost mit Vermeidung von Zucker und Produkten aus weißem Mehl. Ein zusätzlicher Nachteil von Zucker ist, daß er reichlich Kalorien aber keinerlei Vitamine und Mineralien enthält. Zu seiner Verwertung im Stoffwechsel werden jedoch Vitamine und Mineralien gebraucht. Zuckerkonsum begünstigt somit Mangelerscheinungen.

Mangelerscheinungen

Das Nervensystem benötigt Vitamine und Mineralien. Die wichtigsten Nervenvitamine sind die *Vitamine der B-Gruppe:* Thiamin, Riboflavin, Niacin, Panthotensäure, Biotin und Pyridoxin. Die wichtigsten *Mineralien* sind Magnesium, Zink und Calcium. Eine mangelnde Versorgung des Organismus mit diesen Vitaminen und Mineralien kann zu Irritationen des zentralen Nervensystems führen und vor allem bei empfindlichen Menschen Unruhe, Angst und Verstimmungen erzeugen. Eine ausgewogene Vollwertkost ist die beste Vorbeugung. Auch Vitamin- und Mineralstoffpräparate können hilfreich sein. Ein Behandlungsversuch über ein bis zwei Monate ist immer gerechtfertigt und risikolos, wenn die

Dosierungsempfehlungen beachtet werden. Nahrungsergänzungen können aber nicht die einzige Therapie von Ängsten und Depressionen darstellen. In den Wintermonaten, wenn die Tage kürzer sind, fehlt es an ausreichendem *Tageslicht*. Bei Menschen, die darauf sensibel reagieren, kann es zu depressiven Verstimmungen kommen, die sich allerdings manchmal schon durch Urlaubsreisen in sonnen- und lichtreichere Regionen bessern. Gelegentlich hilft schon regelmäßige und ausgiebige Bewegung bei Tageslicht im Freien, um die depressiven Symptome zu lindern. Therapeutisch setzt man spezielle Lampen ein, die das natürliche Licht des Tages imitieren.

Hormonelle Umstellungsphasen

Die erste dieser Phasen ist die *Pubertät*: Mädchen und Jungen durchleben eine beunruhigende Zeit mit Veränderungen ihrer Geschlechtsorgane, ihres Trieblebens und ihrer äußeren Erscheinung. Die Mädchen müssen mit den einsetzenden Monatsblutungen und dem Wachstum ihrer Brüste fertig werden, die Jungen mit dem Stimmbruch. Das deutlich veränderte Körpergefühl und das erwachende Interesse am anderen Geschlecht verunsichert viele Heranwachsende. Schamgefühle, Selbstwertprobleme, Konflikte mit den Eltern, Stimmungsschwankungen und Ängste sind häufig.

Im Erwachsenenalter sind vor allem die Frauen einschneidenden Veränderungen ihres hormonellen Gleichgewichts ausgesetzt. *Schwangerschaften und Geburten* gehen mit gewaltigen Hormonveränderungen einher, die das seelische Gleichgewicht erheblich destabilisieren können. Der letzte große Hormoneinschnitt für Männer und Frauen sind die *Wechseljahre*. Sie gehen einher mit Hitzewallungen, Schweißausbrüchen, Herzbeschwerden, Schwindel- und Angstgefühlen, Reizbarkeit, Stimmungslabilität und Depressionen. Als medikamentöse Unterstützung bewähren sich bei Frauen oft niedrig dosierte Hormonpräparate mit Östrogen und Gestagen (z. B. Presomen). Unter den pflanzlichen Mitteln kommen Vitex agnus castus (Keuschlammfrüchte) und Cimicifuga (Traubensilberkerzen-Wurzelstock) in Frage.

Allgemeine Risiken

Trotz aller Sicherungsvorkehrungen unserer modernen Kultur bleiben *Unwägbarkeiten und Unsicherheit* des Daseins. So hat der technische Fortschritt unser Leben einerseits sicherer gemacht, andererseits risikoreicher. Die neuen Gefahren finden ihren Ausdruck in Unfallstatistiken, Meldungen über Flugzeugabstürze, Umweltkatastrophen, Reaktorunglücke und zunehmender militärischer Aufrüstung politisch instabiler Länder. Gegen Naturkatastrophen und zahlreiche Krankheiten (z. B. Krebs und Aids) bleiben wir trotz Technik und Medizin machtlos. Immer mehr Menschen werden Opfer von Verbrechen und Drogen. Vor allem international organisierte Syndikate zeichnen sich durch Brutalität und gewaltige wirtschaftliche und politische Macht aus. Täglich überschütten uns die Medien mit Terror- und Horrormeldungen. Einer Meisterleistung der Verdrängung ist es zu verdanken, wenn wir dennoch unseren Alltag unbeeindruckt weiterleben können. Manche Menschen vermögen es jedoch nicht, sich gegen die Flut der Schreckensmeldungen zu schützen, und können gar nicht aufhören, sich zu sorgen. Sie sind veranlagungsbedingt »dünnhäutiger« als andere, und meist haben sie tief verborgene »gute« Gründe für ihre generalisierte Angst (siehe Seite 52). Es ist eine gängige Strategie der menschlichen Seele, eine verborgene und schwer begreifbare Angst durch eine offensichtlichere und leichter zugängliche Angst auszudrücken. In der psychoanalytischen Fachsprache heißt dieser »Trick« *Verschiebung* (siehe auch Seite 92 f.).

Der Nachteil der Angstabwehr durch Verdrängung und Verschiebung ist, daß man durch die Beschäftigung mit der vorgeschobenen Angst erheblich in Anspruch genommen ist. Sie verhindert die Bearbeitung der ursprünglichen, tiefer sitzenden Angst, sowie die Auseinandersetzung mit anderen relevanten Gefahren und Problemen des Alltags (z. B. mit familiären Konflikten oder einer angemessenen Zukunftsplanung). Immer wenn ein Mensch eine scheinbar übertriebene und schwer nachvollziehbare Angst hat, ist an diese Abwehrmechanismen zu denken.

Urängste

Es gibt völlig normale, angeborene, instinkthafte, archaische Ängste, die man schon an Säuglingen beobachten kann. Dazu gehören die Angst vor dem Abstürzen aus großer Höhe, vor plötzlichem Lärm, überraschenden Berührungen, unerwarteten Umgebungsveränderungen und heftigen Bewegungen. Bei manchen Menschen sind diese Urängste noch im Erwachsenenalter ausgeprägt. Auch die Furcht in der Dunkelheit, vor Gewittern und Stürmen, die Angst vor wilden Tieren und vor dem Schwimmen in tiefen Gewässern sind hier zu nennen. Diese Ängste sind an sich nicht krankhaft. Nur wenn sie das Leben des Betroffenen tatsächlich einschränken, besteht der Verdacht auf eine *Phobie*. Die häufigsten Inhalte von Phobien sind enge geschlossene Räume, verkehrsreiche Straßen und Menschenmengen, die Panik im Tunnel, im Lift, auf Rolltreppen, in öffentlichen Verkehrsmitteln oder wenn man alleine Auto fährt. Selbst die Angst vor Mäusen, Spinnen, Insekten, Bakterien oder Schmutz kann sich bis zur Phobie steigern. Bei Phobien gehen wir in der Regel von einer *Verschiebung* aus, d. h., daß sich Urängste oder andere, versteckte Ängste in der phobischen Reaktion zum Ausdruck bringen.

Angst vor dem modernen Medizinbetrieb

Die Vorstellung, daß man in Krankenhäusern oder Arztpraxen einem technisch-anonymen, unmenschlichen, undurchschaubaren Apparat und der Allmacht distanzierter Mediziner ausgeliefert ist, ist für viele Patienten das Bedrohlichste am Kranksein überhaupt. Das unbedingte Vertrauen in den Arzt früherer Zeiten ist einer skeptisch-kritischen Haltung vieler Patienten gewichen. Das sich ausbreitende Bewußtsein von den Grenzen der Medizin und des ärztlichen Könnens ist für die Kranken eine zusätzliche Belastung. Wenn Patienten und deren Angehörige ihre Sorgen äußern und fragen, ob die vorgeschlagenen Untersuchungen und Behandlungen wirklich die richtigen und schonendsten sind, reagieren noch immer viele Ärzte verärgert, irritiert oder abweisend. Dabei trägt gerade der einfühlsame Umgang mit den Zweifeln und dem Widerspruch der Patienten zur Vertrauensbildung bei, die für den Behandlungserfolg so wichtig ist. Wir können an dieser Stelle alle Ärzte und Therapeuten nur eindringlich auffordern, sich den Bedenken ihrer Patienten zu stellen. Patienten sind heute überaus gut informiert. Nicht selten machen sie mit ihren Fragen und Anregungen den Arzt auf Aspekte aufmerksam, die er möglicherweise übersehen hat, und bereichern damit die Behandlung im Sinne des ganzheitlichen Ansatzes. Die Zeit und Geduld, die der Arzt dafür aufbringt, zahlen sich bei jedem weiteren Kontakt mit dem Patienten aus: Das Vertrauen zueinander und der Respekt voreinander läßt die Begegnung von Patient und behandelndem Arzt zu einer befriedigenden oder sogar beglückenden Erfahrung werden, trotz des unerfreulichen Anlasses.

Belastungen und Gefahren im Berufsleben

Noch ein langes Programm
Ein Kaufmann hatte 150 Kamele, die seine Stoffe trugen, 40 Knechte und Diener, die ihm gehorchten. An einem Abend lud er einen Freund zu sich. Die ganze Nacht fand er keine Ruhe und sprach fortwährend über seine Sorgen, Nöte und Hetze seines Berufes. Er erzählte von seinem Reichtum in Turkestan, sprach von seinen Gütern in Indien, zeigte die Grundbriefe seiner Ländereien und seine Juwelen. »Mein Freund«, seufzte der Kaufmann, »ich habe nur noch eine Reise vor. Nach dieser Reise will ich mich endlich zu meiner wohlverdienten Ruhe setzen, die ich so ersehne wie nichts anderes auf der Welt. Ich will persischen Schwefel nach China bringen, da ich gehört habe, daß er dort sehr wertvoll sei. Von dort will ich chinesische Vasen nach Rom bringen. Mein Schiff trägt dann römische Stoffe nach Indien, von wo ich indischen Stahl nach Halab bringen will. Von dort will ich Spiegel und Glaswaren in den Jemen exportieren und von dort Samt nach Persien einführen.« Mit einem träumerischen Gesichtsausdruck verkündete er dem ungläubig lauschenden Freund: »Und danach gehört mein Leben der Ruhe, Besinnung und Meditation, dem höchsten Ziel meiner Gedanken.«
(Peseschkian, *Der Kaufmann und der Papagei*)

Der Beruf dient nicht nur der Einkommens- und Existenzsicherung. Die beruflichen Leistungen sind auch ein wichtiger Teil der Selbstdarstellung und des Selbstverständnisses, sie verschaffen soziale Anerkennung und Zugehörigkeit. Der Beruf gibt dem Alltag Ordnung und Inhalt, verleiht innere Stabilität und Selbstvertrauen. Für manche Menschen ist er darüber hinaus Berufung, Selbstverwirklichung, Erfüllung und Sinn. Infolge der Rationalisierung, Automatisierung und des Stellenabbaus in vielen Unternehmen ist heute jedoch für Millionen Bundesbürger die Arbeitslosigkeit bittere Realität. Trotz Arbeitslosenunterstützung stellt sie eine enorme Belastung dar und löst Ängste und Depressionen aus. Länger bestehende Arbeitslosigkeit ist in der Regel mit schwerwiegenden finanziellen Einbußen verbunden, die eine Familie beispielsweise zum Verkauf ihres Eigenheimes zwingen. Nicht selten geraten Menschen ohne Arbeit sogar an die *Armutsgrenze* und müssen Sozialhilfe beantragen.

Aber auch jene, deren Arbeitsplatz vorerst sicher ist, sind extremen Belastungen ausgesetzt: Viele klagen über Dauerstreß, *Überforderung* und die Angst, zu versagen, Fehler zu machen, den Anschluß zu verpassen, von anderen überrundet zu werden und beruflich zu den Verlierern zu gehören. Durch die raschen technischen Veränderungen am Arbeitsplatz fühlen sich in erster Linie ältere Mitarbeiter überfordert. Der Einstieg in die Welt der Computer, mit der Kinder sich mühelos schon im Spiel vertraut machen, ist für sie eine Tortur. Aber auch junge Menschen werden leicht überfordert, wenn sie in immer länger dauernden Berufsausbildungen immer mehr Wissen aufnehmen müssen, von dem die Hälfte bereits nach kurzer Zeit überholt ist. Für sie kommen überdies die Belastungen der *Ausbildungsprozedur* hinzu, Probleme im Lehrlings- oder Studentenstatus, Konkurrenz und Notendruck. Deshalb stellen vor allem die Prüfungen eine große Hürde dar. Sie sollen einerseits die ausreichende Qualifikation sicherstellen, dienen aber andererseits als Instrument der Auslese. Bei begrenzten Ausbildungs- und Studienplätzen werden dann die Prüfungsanforderungen derart verschärft, daß ein Teil der Bewerber zwangsläufig durchfallen muß. Die Furcht vor Prüfungen ist also absolut berechtigt, und sie nimmt mit dem Ehrgeiz des Prüfungskandidaten noch zu. Die Aussichten, das Gelernte in späteren Berufsjahren dann auch wirklich nutzen zu können, wird jedoch zunehmend geringer, sofern Jugendliche überhaupt das Glück haben, im erlernten Beruf zu arbeiten. Für sie ist es heute längst nicht mehr selbstverständlich, durch eine sinnvolle Arbeit, in einem erlernten Beruf ihren festen Platz in der Gesellschaft zu finden. All diese Sorgen im und um den Beruf selbst werden häufig noch durch *Spannungen mit Kollegen* und Vorgesetzten oder Konflikte mit dem Chef weiter verschärft. Daß ein Mitarbeiter von seinen Kollegen systematisch abgelehnt, schikaniert und »fertiggemacht« wird, ist ein Phänomen, für das sich das englische Wort *mobbing* eingebürgert hat.

So merkwürdig es klingen mag, doch auch die berufliche *Unterforderung* kann zum Streßfaktor werden. Nämlich dann, wenn sich Menschen wegen des aussichtslosen Arbeitsmarktes mit einer Aufgabe weit unter ihrer Qualifikation zufriedengeben müssen. Oder wenn sie aus firmenpolitischen Gründen ihrer interessanten und verantwortungsvollen Position enthoben werden und auf einer bedeutungslosen Stelle ein Dasein auf dem Abstellgleis fristen. Schließlich kommt es gegen Ende des Arbeitslebens zu einer Krise, wenn Berufstätige die *Furcht vor dem Altenteil* überkommt. Nach Jahrzehnten aus dem Kreis vertrauter Kollegen ausscheiden zu müssen, das Gefühl zu haben, nicht mehr gebraucht zu werden, und den gewohnten Lebensrhythmus gegen Null sinken zu sehen erfordert eine große Kraftanstrengung.

Gerade weil in unserer Gesellschaft die Leistung soviel zählt, eignet sie sich gut zum Ausgleich von Schwächen. So hängt die *Übertreibung des Leistungsprinzips* oft mit Defiziten in anderen Lebensbereichen eng zusammen, zum Beispiel mit Kontaktschwierigkeiten in Partnerschaft und Familie oder mit Problemen des Selbstwertgefühls. Manche belastet auch die Angst, ihre Eltern zu enttäuschen, die oft zu hohe Erwartungen haben. Wenn also die Überbetonung des Leistungsprinzips so weit geht, daß sie keinen Platz mehr für andere Aktivitäten und Bedürfnisse übrigläßt, muß sie als *Kompensationsmechanismus* angesehen werden. Dann werden emotionale Defizite oder die Unfähigkeit, den eigenen Körper lustvoll zu erleben, mit der Flucht in die Leistung kompensiert. Solche Menschen leiden unter einem übersteigerten Selbstideal, wir nennen das in der Fachsprache »*narzißtisches Größenselbst*«. Dieses aufgepumpte Selbst verdeckt zwar vordergründig das tiefe Gefühl von Unzulänglichkeit, hat aber den entscheidenden Nachteil, daß die Betroffenen auf die Bewunderung von außen angewiesen bleiben. Ihre Leistungen dienen nun ausschließlich der *Selbstbestätigung* – tragischerweise der Bestätigung eines *falschen Selbst* –, und sie gewinnen den Status einer Lebensberechtigung. »Leistung« wird überhaupt zum scheinbar einzigen Lebenssinn. Die Überbetonung des Leistungsprinzips schlägt nicht selten in einen völligen *Zusammenbruch der Leistungsfähigkeit* um. Das bedeutet, daß das labile Selbstsystem zusammenbricht. Depressivität und Angstreaktionen sind häufig die Folge. Andererseits ist die Krankheit aber auch die letzte Möglichkeit des Organismus, sich gegen Überforderungen zu wehren und sein inneres Gleichgewicht zu verteidigen.

Narzißmus

Narzißmus nennt man eine übersteigerte Selbstbezogenheit oder Selbstliebe. Narzißtische Menschen wirken nach außen oft stark, strahlend, schön, überlegen oder überheblich. Doch der äußere Glanz dient eher dem Verbergen von Schwäche und Verletzlichkeit des Selbst.

In der Lebensgeschichte narzißtischer Menschen wird die Mutter typischerweise als wenig empathisch, distanziert, fordernd oder unzuverlässig in ihrer emotionalen Zuwendung beschrieben. Der Vater ist häufig abwesend, wird übertrieben idealisiert oder als derjenige, der die Familie im Stich gelassen hat, gehaßt. Narzißtische Patienten wurden in ihrer Kindheit nicht selten geschlagen und ihre Bedürfnisse nach Liebe, Zärtlichkeit und Achtung blieben unerfüllt. Dadurch konnten sie nicht genügend gute Erfahrungen verinnerlichen und keinen stabilen Persönlichkeitskern aufbauen. Ihre späteren Beziehungen bleiben daher ambivalent, denn sie sind hin- und hergerissen zwischen ihrer ungestillten Sehnsucht nach Liebe und Anerkennung und ihrer großen Kränkbarkeit und Verletzlichkeit.

Soziale Belastungen und Gefahren

Wie entsteht ein Krieg
»Pedar Joun, lieber Vati, erkläre mir bitte, wie ein Krieg zustande kommt«, fragte ein kleiner persischer Junge seinen Vater. »Das will ich dir gern erklären«, sagte der Vater. »Stelle dir einmal vor, Persien schickt seine Truppen nach China.« In diesem Augenblick mischte sich die Mutter ein: »Wie kannst du denn dem Kind einen solchen Unsinn erzählen. Wann hat jemals Persien gegen China Krieg geführt?« »Liebe Frau«, versuchte der Vater zu erklären, »ich wollte nur an einem Beispiel erläutern, wie ein Krieg entsteht.« »Durch deine Beispiele, die nie stimmen, bringst du bloß das Kind durcheinander. Außerdem ist es eine Lüge, daß Persien gegen China Krieg geführt hat.« »Was, du bezeichnest mich als Lügner!« fuhr der Vater auf. »Ich nehme mir die Zeit und versuche dem Kind etwas zu erklären, und du meckerst daran herum. Wenn du meinst, du könntest es besser erklären, dann mach du es doch. Du weißt doch immer alles besser.« »Das ist aber unerhört, wie du mit mir sprichst. Ich werde nie mehr etwas sagen, daß du es nur weißt.« In diesem Augenblick unterbrach der Sohn das Streitgespräch seiner Eltern und sagte: »Liebe Eltern, ihr braucht mir nicht mehr zu erklären, wie ein Krieg entsteht. Ich kann es mir gut vorstellen.«

Zwischenmenschliche Kontakte und soziale Zugehörigkeit zählen zu den Grundbedürfnissen des Menschen. Der dauerhafte Rückzug aus allen zwischenmenschlichen Beziehungen begegnet uns nur bei schweren Nervenkrankheiten oder bei religiös motivierter Einsiedelei. Von Beginn seines Lebens an ist der Mensch auf intensiven menschlichen Kontakt angewiesen. Der psychoanalytische Forscher René Spitz hat bei seinen Untersuchungen an 90 Säuglingen in einem Waisenhaus nachgewiesen, daß das völlige Fehlen zärtlich-emotionaler Zuwendung zu schweren Depressionen führen kann. Die Kinder wurden zuerst weinerlich, schrien viel und verloren bedrohlich an Körpergewicht. Schließlich verfielen sie in Apathie. Ein Drittel der Kinder verstarb trotz ausreichender Versorgung mit Nahrung und körperlicher Pflege innerhalb von zwei Jahren. Wegen dieser immensen Bedeutung für eine gesunde Entwicklung sind *Belastungen in den zwischenmenschlichen Beziehungen die häufig-*

sten Auslöser für Ängste und Depressionen überhaupt. Das menschliche Zusammenleben birgt zahllose Möglichkeiten für Mißverständnisse und Konflikte, die es verwirrend, gefährlich und unberechenbar erscheinen lassen. Wie wir uns in der Partnerschaft, in der Familie und im gesellschaftlichen Leben zurechtfinden, hängt wesentlich davon ab, wie gut wir in unserer Erziehung darauf vorbereitet wurden.

Ängste und Depressionen in der Partnerschaft

Je inniger der Kontakt zu einem anderen Menschen ist, desto vielfältiger sind auch die Möglichkeiten, mit ihm in Konflikt zu geraten. Seitdem die Großfamilie von der modernen Kleinfamilie abgelöst wurde, werden die unterschiedlichen Standpunkte zwischen den Partnern nicht mehr von den mitwohnenden Verwandten abgepuffert, sondern prallen mit voller Härte aufeinander. Besonders explosiv ist diese Situation, wenn zwei junge Menschen aus sehr unterschiedlichen Familienkulturen zusammenziehen. Hohe Erwartungen und leidenschaftliche Gefühle stehen geringen Erfahrungen gegenüber. So überrascht es nicht, daß enge partnerschaftliche Bindungen, vertieft durch Sexualität, Heirat und Schwangerschaft, Ängste auslösen können. Paradoxerweise sind das oft *Ängste vor Nähe*, Verantwortung, Abhängigkeit oder Verlust der Unabhängigkeit. Vielfach zerstören schmerzvolle Erfahrungen die ursprünglichen Illusionen über die Liebe. Mißverständnisse, gegenseitige Kränkungen, Untreue, die Angst, ausgenutzt zu werden, oder das Gefühl, nicht attraktiv genug zu sein, treiben Paare in die Trennung oder Scheidung. Wenn nach einer Trennung nicht die Flucht in eine neue Beziehung oder in schnell wechselnde Beziehungen folgt, kommt es in zahlreichen Fällen zu depressiven Verstimmungen mit Rückzug in die Einsamkeit.

Ein besonderes Problem stellt eine *Abtreibung* dar. Es gibt kaum eine Frau, für die dieser Eingriff keine schmerzvolle Entscheidung ist. Häufig kommen die Trauer um den Verlust des Kindes, die Scham- und Schuldgefühle, die Wut auf den Partner, der zur Schwangerschaftsunterbrechung drängte oder sich der Verantwortung entzog, erst viele Jahre danach in Form von Ängsten und Depressionen zum Vorschein.

Ängste im Zusammenhang mit der Familie und dem Freundeskreis

Innerhalb der Familie und im Kreis von Freunden steht die *Angst vor Liebesverlust* im Vordergrund: nicht ausreichend beachtet oder anerkannt zu werden, zurückgesetzt, abgelehnt, gekränkt, beschämt, bestraft, ungerecht behandelt, alleingelassen oder verraten zu werden. Depressive Verstimmungen können die Folge sein, wenn solche Reaktionen tatsächlich oder vermeintlich eintreten. Besonders hart trifft der *Tod naher Angehöriger*, insbesondere, wenn eine lange und intensive Beziehung bestanden hat. Nicht selten dauert die Trauer um den geliebten Menschen mehrere Jahre, und dem Trauernden kommt es mitunter vor, als sei ein Teil seiner selbst mitbeerdigt worden. Sogar, wenn man mit dem Verstorbenen über Jahre im Streit lag, kann sein Tod zu seelischen Nöten führen, wenn dadurch ein »unerledigtes Geschäft« offenbleibt.

Ängste in der Öffentlichkeit

Es ist ein verständliches Anliegen, in der Öffentlichkeit gut dastehen zu wollen. Aber für manche hat die öffentliche Meinung eine so erdrückende Bedeutung, daß ihr Leben von der Angst geprägt ist, vor aller Augen *ihr Gesicht zu verlieren*, zum Gespött zu werden und für alle Zeit »unten durch« zu sein. Diese Menschen fragen sich bei jedem Schritt, den sie tun, was die anderen über sie denken könnten. Am meisten fürchten sie, in aller Öffentlichkeit die Kontrolle zu verlieren, verrückt zu werden oder sich in irgendeiner Weise zu blamieren. Hinzu kommt die Sorge, daß man ihnen die Angst anmerkt, zum Beispiel wenn sie zittern, stottern, rot werden oder schwitzen. Die Ausbrüche von Angstschweiß bringen zudem die Befürchtung mit sich, unangenehm zu riechen und andere damit abzustoßen. Es ist offensichtlich, daß für Menschen mit solchen Ängsten jeder Auftritt in der Öffentlichkeit mit ungeheurer Überwindung verbunden ist, daß sie in ihrer Bewegungsfreiheit eingeengt sind und im Umgang mit anderen Menschen gehemmt. Es fällt ihnen schwer, ihre Meinung zu sagen, öffentlich zu reden, Forderungen zu stellen und Autoritätspersonen gegenüberzutreten.

Angst vor Aggressionen

Menschliches Zusammenleben ist nur möglich, wenn jeder einzelne seine Bedürfnisse nicht willkürlich, sondern im Rahmen gesetzlicher und kultureller Normen erfüllt. Dennoch benötigt auch der zivilisierte Mensch gelegentlich ein gewisses Maß an *Kampfbereitschaft*. Zum Beispiel, wenn es darum geht, rechtmäßige Wünsche und Interessen oder ethische und politische Überzeugungen gegen andere durchzusetzen. Dieses Engagement für die eigenen Ziele gegen die der anderen Individuen oder der Gesellschaft ist mit einem gehörigen Quantum an Angst und Erregung verbunden.

Nun ist es aber häufig so, daß der Schwerpunkt der Erziehungsmaßnahmen darauf liegt, daß sich Kinder den elterlichen oder sozialen Vorschriften unterordnen. Diese frühe und oft zu starke Unterdrückung kindlicher Bedürfnisse erzeugt *Aggressionen*, die das Kind nicht ausleben kann. Denn würde es seiner Wut freien Lauf lassen, drohten ihm Liebesentzug, Schläge oder andere Bestrafungen von den Eltern. So entwickelt es folgerichtig eine Angst vor der offenen oder subtilen Aggression der Erzieher, aber auch vor der eigenen Wut. Im Erwachsenenalter wird dieser Mensch dazu neigen, seine kämpferischen Impulse allzu lange zurückzuhalten – zum Beispiel, wenn seine Interessen in der Firma immer wieder übergangen werden –, sich dabei aber zunehmend aggressiv aufladen. Je mehr sich dabei an innerer Wut aufstaut, desto stärker wird auch die Angst vor einer katastrophalen Explosion. Wut und Angst richten sich dann auf psychosomatischem Wege vielfach gegen den Betroffenen selbst, als Magenschmerzen, Kopfschmerzen oder allgemeine Verspannungen. Ein anderer Ausweg ist die *Projektion*. Projiziert man die eigene Aggression in andere Menschen hinein, dann werden diese als aggressiv erlebt, und man selbst muß seinen Zorn nicht spüren.

In jedem Fall schwankt der Betroffene zwischen seinen angestauten Aggressionen und einer lähmenden Angst hin und her. Schlimmstenfalls wird seine *Kampfbereitschaft* so sehr behindert, daß sich Selbstmordgedanken einstellen. Den angemessenen Umgang mit Aggressionen, mit den eigenen und denen der anderen, behandeln wir im zweiten Teil (siehe Seite 114 ff.).

Zukunftsängste

Die Signale des Todesengels
Ein Mann hatte mit dem Todesengel Freundschaft geschlossen. Eines Tages sagte er zu dem Todesengel: »Du Erfolgreichster aller Zeiten: wohin du auch gehst, du kommst immer zum Ziel. Ich habe eine Bitte an dich: Sage mir rechtzeitig Bescheid, bevor du mich abholst.« Der Todesengel stimmte zu. Eines Tages kam er zu seinem Freund und sagte: »Morgen werde ich dich abholen.« »Das kann nicht dein Ernst sein«, sagte der Mann, »du hast mir doch versprochen, mir rechtzeitig Bescheid zu geben.« Da antwortete der Todesengel: »Ich habe dir sehr viele Zeichen gegeben, aber du hast nie meine Signale verstanden: Als dein Vater starb, wußtest du es nicht zu deuten; als deine Mutter starb, hörtest du nicht auf diese Botschaft; als ich deinen Schwager, deinen Nachbarn und deinen Freund nacheinander abholte, hast du die Augen verschlossen ... Komm morgen mit mir!« Als der Engel den Freund am nächsten Tag abholte und in den Himmel führte, zeigte er ihm Scharen von verstorbenen Menschen, die laut riefen: »Warum hast du uns nicht rechtzeitig Bescheid gesagt? Wir hätten vorher doch noch so viel erledigen können!« »Du siehst nun«, sagte der Todesengel, »wie die Menschen mit meinen Signalen umgehen!«
(Peseschkian, *Psychosomatik und positive Psychotherapie*, Berlin 1992)

Wir haben schon mehrfach auf die realen Bedrohungen und Unwägbarkeiten hingewiesen, durch die jeder einzelne von uns und die Menschheit als Ganzes bedroht sind. Angesichts der Realität von Krankheit, Krieg, atomarem Vernichtungspotential und Umweltzerstörung überrascht es, daß wir nicht *mehr* Angst empfinden. Um unseren Alltag bewältigen zu können, müssen wir diese Gefahren aus unserem Bewußtsein verbannen, verdrängen. Ansonsten könnten wir kaum noch einen klaren Gedanken fassen oder uns auf eine Tätigkeit konzentrieren, geschweige denn lieben, genießen oder einfach nur ausruhen. Doch trotz der lebenswichtigen Fähigkeit zur Verdrängung ist – tief in unserer Seele, im Unbewußten – das *Wissen um die Endlichkeit unseres Daseins* präsent. Ob wir wollen oder nicht, spätestens in schlaflosen Nächten oder in unseren (Alp-)Träumen werden wir mit der tief in uns verwurzelten Angst vor dem Tod konfrontiert. Und angesichts unserer Verlorenheit in den unendlichen und unvorstellbaren Dimensionen des sich mit rasender Geschwindigkeit ausdehnenden Weltalls fragen wir uns: Was kommt danach? Ist das physische Ende auch das Ende des Bewußtseins? Gibt es andere Welten außerhalb unserer sinnlichen Wahrnehmung? Gibt es Gott, Teufel, Dämonen, Geister, übersinnliche Kräfte, Seelenwanderung und Wiedergeburt? Auch wenn unser aufgeklärter und naturwissenschaftlich geschulter Verstand diese Fragen entschieden verneint, gibt es doch Schichten in uns, die suchen, zweifeln und ahnen, die sich nach einem Höheren, einzig Wahren, Umfassenden und nach Erlösung sehnen.

Heute ist die Angst vor der *Sinnlosigkeit des Lebens* weit verbreitet. Mit steigendem Wohlstand machen immer mehr Menschen die Erfahrung, daß die Anhäufung von Reichtümern oder die Vermehrung und Verfeinerung des Konsums nicht dauerhaft glücklich machen. Letztlich werden mit Geld und Genuß nur die existentiellen Löcher gestopft, die sich infolge fehlender Orientierung und Sinnhaftigkeit auftun. Da es *die* einzige Instanz und Autorität nicht mehr gibt, wie früher die Kirche, die verbindliche Antworten auf die Fragen nach dem Lebenssinn, dem Tod und dem Leben danach parat hatte, obliegt es heute jedem einzelnen, seine Antworten selbst zu finden. Es bedarf – wie Viktor Frankl sagt – des *Willens zum Sinn*.

Glauben und Sinnhaftigkeit sind nach unserer Auffassung ein Grundbedürfnis und eine Grundfähigkeit von Menschsein. Wir können und müssen über unsere eigene Existenz hinaus denken, transzendieren. Die Tatsache, daß transzendentes Bewußtsein den Bereich des sinnlich Erfahrbaren, des Prüfbaren, Logischen, scheinbar Realen überschreitet, mindert nicht seine Dringlichkeit für die menschliche Seele. Antworten auf die Fragen des Woher, Wohin, Warum und Wozu des Daseins geben heute die vielfältigsten Religionen, Philosophien und Weltanschauungen. Ihre Sprache ist die der Zeichen, Gleichnisse und Symbole, ihre Methoden die der Besinnung und Verinnerlichung. Ein wesentlicher Schritt auf der Suche nach Sinn ist das Gespräch mit anderen. Aber zugleich ist es eine merkwürdige Erscheinung unserer Zeit, daß sich viele Leute nicht trauen, mit anderen über diese Fragen zu sprechen. Sei es aus Sorge, die anderen damit zu belasten, nicht verstanden oder gar belächelt zu werden.

Diese Sprachlosigkeit zu überwinden und in der Gemeinsamkeit des Suchens und in der mitmenschlichen Solidarität Trost, Stärkung und Zuversicht zu finden, ist eine der Hauptaufgaben der Angst- und Depressionsbewältigung. Wir begegnen Menschen, die in ihrem Glauben an Gott oder an eine Idee fest sind, und wir staunen über die Kraft und Zuversicht, die sie erfüllt. Wenn sich aber der Glaube in religiösen *Fanatismus* verkehrt, werden die Betroffenen zu Sektierern und verlieren den Kontakt zur Wirklichkeit. Das ist der Boden für Ängste vor Gott und seiner Strafe oder der Macht des Teufels. Aus primitiven Kulturen und bei Kindern kennen wir Ängste vor bösen Geistern, Hexen und Dämonen oder dem bösen Blick. Diese magischen Ängste sind entwicklungsgeschichtlich ur-alt, und trotz Aufklärung und Naturwissenschaften bleiben sie tief in unserem Unbewußten verankert. Sie begegnen auch noch dem modernen Menschen in der faszinierenden und beunruhigenden Welt der Märchen, Träume und Phantasien. In der Therapie müssen sie – wenn sie in den Vordergrund treten – unbedingt ernst genom-men und in ihrem Bezug auf die konkrete Lebenswirklichkeit des Patienten thematisiert werden.

Angst vor Veränderung

Wer etwas Gutes will, der muß sich zu beschränken wissen,
wer dagegen alles will, der will in der Tat nichts und bringt es zu nichts.
(Georg Wilhelm Friedrich Hegel)

Gesundheit und Wohlbefinden pendeln sich in einem Zustand dynamischer Ordnung des Lebens ein (Boessmann/Peseschkian, *Positive Ordnungstherapie*, Stuttgart 1995). Wie alle lebendigen Or-ganismen streben auch die Menschen naturgemäß nach Wiederho-lung der inneren Vorgänge und des äußeren Tagesablaufs in Form regelmäßiger Rhythmen, Gewohnheiten und Gesetzmäßigkeiten. Wird diese Ordnung von außen gestört, reagieren sie mit Gegensteuerungsmechanismen. Deshalb wehren sich Menschen erst einmal instinktiv gegen alles, was ihr geregeltes Leben stört. Damit bekommen die unvermeidlichen Ereignisse, die unser Leben tiefgreifend verändern *(life-events)*, eine mehr oder weniger bedrohliche Qualität. Andererseits stellen Schwellensituationen lebensnotwendige Entwicklungsstufen dar, bei deren Überwindung wir wachsen und reifen.

Menschen haben eine erstaunliche Fähigkeit, mit tiefgreifenden Veränderungen ihrer Lebenssituation fertig zu werden. Wenn aber zu viele Umorientierungen auf einmal kommen oder auf einen Menschen treffen, der bereits durch andere Ängste, Konflikte und Belastungen geschwächt ist, bricht die Fähigkeit zur Gegensteuerung und Anpassung zusammen. Der Betroffene wird entweder von Ängsten geradezu überflutet oder fällt in eine Depression. Auch eine schwere körperliche Krankheit kann die Folge sein. Selbstverständlich ist das Maß des Erträglichen individuell verschieden. Vielfach genügt es für eine Krise, wenn die bedrohlichen Lebensveränderungen nur erwartet oder vermutet werden.

Kindheitsängste

Die schmutzigen Nester
Eine Taube wechselte ständig ihr Nest. Der scharfe Geruch, den die Nester im Laufe der Zeit entwickelten, war für sie unerträglich. Darüber beklagte sie sich bitter bei einer weisen, alten erfahrenen

Ereignisse mit erheblichem Einfluß auf die Lebensordnung
Einschulung, Studium, Ausbildung, Berufswechsel, Umzüge, Arbeitslosigkeit, politische und wirtschaftliche Krisen, Krieg, Flucht, Pubertät, Verlassen des Elternhauses, Partnerschaft, Heirat, Schwangerschaft, Geburt eigener Kinder, Hausbau, Trennungen, Verlust geliebter Menschen, schwere Erkrankungen

Taube. Diese nickte mehrmals mit dem Kopf und sagte: »Durch ständigen Wechsel der Nester änderst du nichts. Der Geruch, der dich stört, kommt nicht von den Nestern, sondern von dir selbst. (Peseschkian, *Der Kaufmann und der Papagei*)

Bislang haben wir uns mit Gründen für Ängste und Depressionen beschäftigt, mit denen wir im aktuellen Leben konfrontiert sind und die in der Regel bewußtseinsnah sind. Wir wollen jetzt Gründe ansprechen, die nicht ohne weiteres greifbar sind. Gründe, die wir vergessen haben und die mit den aktuellen Ängsten und Nöten scheinbar in keinem Zusammenhang stehen: die Ängste aus der Kindheit!

Jede Angst und Depression hat ihre Geschichte, deren Wurzeln bis in die Kindheit reichen. Für Kinder ist die Welt noch undurchschaubar, und sie sind in ihren Gefühlen und Stimmungen noch wenig gefestigt. Deshalb reichen mitunter alltägliche Ereignisse aus, um in einem Kind lang anhaltende Ängste oder Verstimmungen zu verankern.

Eine folgenreiche Blamage

Der Unternehmensberater, den wir in anderen Zusammenhängen bereits vorgestellt haben, leidet in erster Linie an der Angst, sich vor seinen Kunden und Kollegen zu blamieren. Der Therapeut bittet ihn deshalb, sich eine Situation der letzten Wochen in Erinnerung zu rufen, in der er besonders unter Druck geriet. Ihm fällt sofort eine Präsentation vor Kunden ein, bei der er ein neues und wichtiges Projekt, an dem er lange gearbeitet hatte, vorstellen mußte. Mit der Technik des Psychodramas holen Therapeut und Patient die vergangene Situation in die Gegenwart der therapeutischen Sitzung hinein:

Therapeut: »Wo standen Sie, wo saßen die Kunden, wie sah der Raum aus, an welche Einzelheiten können Sie sich erinnern?«

Patient (sieht bildlich den Raum vor sich): »Dort stand die Präsentationstafel, hier war die Tür, dort waren die Fenster. Das Licht war grell, und es war sehr warm im Raum.«

Therapeut: »Gut. Stehen Sie bitte auf. – Sie sind bei Ihren Kunden. Hier ist die Tafel, dort die Tür und da die Fenster. Dort sitzen die Kunden. Das Licht ist grell. Es ist warm im Raum. Wie fühlen Sie sich gerade?«

Patient: »Mir ist warm, ich glaube, ich schwitze. Meine Knie sind weich, meine Hände sind unruhig.«

Therapeut: »Wie geht es weiter?«

Patient: »Ich stand an der Tafel und stellte mein Projekt vor.«

Therapeut: »Was war noch?«

Patient: »Zwei meiner Zuhörer tuschelten miteinander. Das hat mich gestört.«

Therapeut: »O. K., Sie stehen an der Tafel und tragen Ihr Projekt vor. Da hinten sitzen zwei, die miteinander flüstern. Wie fühlen Sie sich?«

Patient: »Ich glaube, meine rechte Hand zittert.« Die Hand des Patienten zeigt tatsächlich ein leichtes Zittern.

Therapeut: »Was passiert dann?«

Patient: »Einer der Kunden stellte mir eine überraschende Frage. Ich war wie vor den Kopf gestoßen und konnte keinen klaren Gedanken fassen. Gott sei Dank fiel mir schließlich eine gescheite Antwort ein, mit der ich meinen Kopf aus der Schlinge ziehen konnte. Nie mehr will ich in eine solch peinliche Lage kommen.«

Therapeut: »Wie fühlen Sie sich?«

Patient: »Mir ist ganz schwindelig, und mein rechtes Ohr pfeift. Am liebsten würde ich mich hinsetzen.«

Therapeut: »Bitte nehmen Sie wieder Platz. – Fällt Ihnen eine andere Situation in Ihrem Leben ein, in der Sie so überraschend in eine peinliche Lage kamen?«

Patient: überlegt.

Therapeut: »Es kann auch eine Situation sein, die lange her ist, vielleicht sogar in Ihrer Kindheit stattgefunden hat.«

Patient: »Mir fällt dazu nur eine ganz blöde Sache ein. Ich weiß nicht, ob die wirklich bedeutsam ist.«

Therapeut: »Manchmal sind es die Kleinigkeiten, die unser Leben bestimmen.«

Patient: »Das war bei einer Theateraufführung in der Aula unserer Schule.«

Therapeut: »Wie alt waren Sie?«

Patient: »Ich war gerade auf das Gymnasium gekommen. Die Schüler hatten das Stück selber geschrieben, und ich spielte die Hauptrolle. Meine Eltern saßen in der ersten Reihe. Natürlich war ich sehr aufgeregt. Aber irgendwie klappte die Aufführung ganz gut. Am Ende des Stücks sollte ich eine tiefe Verbeugung machen, und gleichzeitig sollte der Vorhang fallen. Also verbeugte ich mich und wartete, daß der Vorhang fiele. Aber der Vorhang fiel nicht. Der Mitschüler am Vorhang hatte seinen Einsatz verpennt. Ich stand also da, tief verbeugt, und nichts tat sich. Es war entsetzlich. Ich stand da vor so vielen Zuschauern in dieser dämlichen vorgebeugten Haltung. Ich wußte nicht, was ich tun sollte. Dann schrie ich aus Leibeskräften: Vorhang zu! Alle lachten. Ich schämte mich zu Tode.«

Therapeut: »Sie sehen traurig aus.«

Patient: errötet und wischt sich über die Augen.

Therapeut: »Ich bin auch sehr bewegt. – Es ist eine fast banale Geschichte. Es ist nichts wirklich Schlimmes passiert. Aber für Sie war es so grauenvoll, daß es Ihnen bis heute in Erinnerung ist, als wäre es gestern geschehen. Wie haben eigentlich Ihre Eltern reagiert?«

Patient: »Nach der Aufführung bin ich auf die Straße gelaufen und habe geweint. Mein Vater kam hinter mir her und lachte. Das wäre ein origineller und lustiger Abschluß des Stücks gewesen. Überhaupt hätte ich großartig gespielt. Ich aber schämte mich noch tagelang.«

Dieses Beispiel zeigt, wie sich unter der oberflächlich sichtbaren Angst eine tiefere Angst verbirgt, deren Entstehung leichter nachfühlbar ist als die Gründe für die aktuelle Angst. Es zeigt auch, wie wir über das körperliche Erleben der aktuellen Angst zu den Erlebnissen aus der Vergangenheit geleitet werden, die dieser Angst zugrunde liegen. Solche Erlebnisse und die durch sie verletzten Empfindungen sind ein *schamvoll gehütetes Geheimnis*, gerade wenn sie dem erwachsenen Denken so kindlich oder albern wie in unserem Beispiel erscheinen mögen. Es sind bewegende Augenblicke in der therapeutischen Arbeit, wenn sich die verborgenen Nischen der Seele in ihrer ganzen Menschlichkeit dem gemeinsamen Verstehen von Therapeut und Patient erschließen. Es muß allerdings betont werden, daß in den schweren Fällen von Angst und Depression die gefühlsmäßige Rückkehr (die Psychotherapeuten nennen sie *Regression*) zu einer einzigen kindlichen Situation nicht ausreicht, um den Patienten von seinem Leiden zu heilen. Aber es ist eine erste wichtige *Erfahrung von Verstandensein und Vertrauen*, die es dem Patienten ermöglicht, sich an weitere schmerzvolle Erlebnisse aus der Vergangenheit heranzuwagen, bis schließlich die Komplexität der seelischen Dynamik der Ängste und Depressionen sichtbar werden kann.

Kindheitserlebnisse, die Angst und Depressionen auslösen

Selbst ungünstige Lebensbedingungen in der Kindheit führen nicht zwangsläufig zu seelischen Problemen. Und auch eine *optimal* verlaufende Kindheit garantiert keine seelische Gesundheit. Trotzdem sind in den Biographien von Menschen mit ausgeprägten Ängsten und Depressionen auffällige Parallelen festzustellen, die für den Einfluß der Kindheitserlebnisse auf die Persönlichkeitsentwicklung und spätere seelische Stabilität sprechen: Ängstliche oder depressive Menschen litten oft unter einschneidenden Entbehrungen in der frühen Kindheit, zum Beispiel durch Krankheit oder Überforderung der Mutter, frühe Trennung der Eltern oder Tod eines Elternteils, wodurch sie das Gefühl entwickelten, stets zu kurz zu kommen. Auch elterliche Mißachtung, Verachtung, Verspottung und Beschämung können das kindliche Gemüt empfindlich treffen und das Selbstwertgefühl bis ins Erwachsenenalter beeinträchtigen. Solche Mangelerfahrungen erzeugen nicht selten einen übertriebenen Hunger nach Lebensgenuß, Anerkennung und Bestätigung, der die Betroffenen zu überhöhten Anstrengungen und Leistungen anstachelt. Damit ist jedoch die Gefahr der Selbstüberforderung gegeben, die so oft in der depressiven Erschöpfung endet. In der Regel ist aber der gesteigerte Lebens- oder Liebeshunger trotz größter Anstrengungen nicht zu stillen. So erleben diese Menschen immer wieder das aus ihrer Kindheit bekannte schmerzvolle Gefühl, nicht genug zu bekommen, nicht zu genügen oder nicht liebenswert zu sein. Sogar die übertriebene Verwöhnung durch die Eltern eines Einzelkindes disponiert zu Ängsten und Depressionen. *»Primär Verwöhnte sind sekundär Frustrierte«*, sagt Raymond Battegay. Für solche Menschen ist es ungemein schwer, auf die Sicherheit und Fürsorge des Elternhauses zu verzichten, manchmal bis weit ins Erwachsenenalter hinein.

Verdrängung

Wer sich mit seiner Vergangenheit nicht auseinandersetzt,
ist gezwungen, sie zu wiederholen.
(Sigmund Freud)

Kinder haben – mehr noch als Erwachsene – einen unerschütterlichen Überlebenswillen, der nur unter extremen Bedingungen erlischt. Nur wenn Kleinkinder in einem frühen Alter, in dem sie noch völlig hilflos sind, so stark vernachlässigt werden, wie die von René Spitz untersuchten Säuglinge, versiegt auch ihre Kraft. In Kindern steckt eine fast unaufhaltsame Energie, allen Widrigkeiten des Lebens zum Trotz zu wachsen, sich zu entwickeln und zu leben. Damit schlechte Bedingungen das kindliche Wachstum nicht völlig behindern, verfügen Kinder über einen seelischen Mechanismus, der schmerzvolle Erlebnisse und Entbehrungen aus dem Bewußtsein verbannt, oder wie es psychoanalytisch heißt: »*verdrängt*«. Allerdings sind mit der Verdrängung die Erfahrungen der Not nicht einfach getilgt, sondern sie wirken im Unbewußten fort und verursachen eine Haltung von Mißtrauen, Ängstlichkeit und Verdrossenheit. Immer wenn sich im weiteren Verlauf des Lebens Situationen ergeben, die Ähnlichkeit mit der *verdrängten Wunde* haben, werden die ursprünglichen Gefühle der Bedrohung und Not aufs neue durchlebt, ohne daß dem Betroffenen die Zusammenhänge bewußt sind.

Lästige Gedanken
Die 34jährige Mutter einer behinderten Tochter von drei Jahren leidet an Schlafstörungen mit nächtlichen Angstattacken, die nach der Geburt der Tochter zunächst deutlich besser geworden waren, in den Monaten vor Therapiebeginn aber wieder zugenommen hatten. Der Ehemann, ein Computerspezialist, ist seit einem Jahr wegen nervöser Herzbeschwerden und Angstanfällen in Behandlung. Die Partner haben sich auf Anraten des Arztes entschlossen, ihre Probleme in einer gemeinsamen Paartherapie zu bearbeiten. Seit der Geburt der Tochter ist das zärtliche und sexuelle Leben der Eheleute völlig erloschen. Alle Zuwendung von Mutter und Vater gelten dem kranken Kind, das sich durch intensive medizinische und heilpädagogische Betreuung so gut entwickelt, daß es bald in einen Kin-

dergarten aufgenommen werden kann. Das aktuell dringlichste Problem stellen die Schlafstörungen der Frau dar. Oft weckt sie nachts ihren Mann, der sich aber hilflos und schließlich genervt fühlt.

Arzt: »Was machen Sie, wenn sie nachts wachliegen?«

Patientin: »Ich wälze mich von einer Seite auf die andere und mache mir idiotische Gedanken. Irgendwann bin ich so aufgeregt, daß ich meinen Mann wecke.«

Arzt: »Wahrscheinlich sind Ihre Gedanken gar nicht so idiotisch. Im Gegenteil: Nachts tauchen wichtige Fragen aus Ihrem Unterbewußtsein auf, für die Sie tagsüber keine Zeit haben. Schreiben Sie doch einfach einmal auf, was Ihnen da durch den Kopf geht – am besten gleich nachts, wenn Sie sowieso nicht schlafen können. Notieren Sie alles, auch wenn es Ihnen noch so banal und unsinnig erscheint.«

Zur nächsten Sitzung bringt die Patientin ein Büchlein mit.

Patientin: »Es hat funktioniert! Wenn ich nicht schlafen kann, schreibe ich alles auf. Seitdem schlafe ich besser.«

Arzt: »Was haben Sie aufgeschrieben?«

Patientin (verlegen): »Ach, nur dummes Zeug.«

Arzt: »Wenn Sie wollen, können wir zusammen schauen, ob es wirklich so dumm ist.«

Patientin: »Ich habe immer die idiotische Sorge, daß meiner Tochter was passieren könnte.«

Arzt: »Das ist nicht idiotisch. Ihrer Tochter kann tatsächlich was passieren. Und es gab eine Zeit, da mußten Sie wirklich um die Gesundheit Ihrer Tochter bangen. Was könnte schlimmstenfalls passieren?«

Patientin: »Na ja, sie könnte schwer krank werden oder einen Unfall haben.«

Arzt: »Schlimmstenfalls könnte sie sterben.«

Patientin: »Das würde ich nicht ertragen.«

Arzt: »Das kann ich gut verstehen. Jetzt soll Ihre Tochter in den Kindergarten gehen. Und Sie wollen wieder arbeiten. Das heißt, daß Sie sie für viele Stunden aus den Augen lassen müssen. Je älter Ihre Tochter wird, desto weniger wird sie Sie brauchen.«

Patientin (beginnt zu weinen): »Ich weiß gar nicht, warum ich jetzt schon wieder weine. Immerzu muß ich weinen.«

Arzt: »Wie fühlen Sie sich gerade?«

Patientin: »Total allein.«

Arzt: »Wie fühlt sich das an?«

Patientin: »Ich friere, und Sie und mein Mann sind ganz weit weg.«

Arzt: »Konzentrieren Sie sich auf dieses Gefühl! Sie frieren und sind allein. Was fällt Ihnen ein?«

Patientin: »So habe ich mich oft zu Hause gefühlt, bei meiner Mutter.«

Arzt: »Wie alt waren Sie?«

Patientin: »Vielleicht sechs oder sieben Jahre. Ich war noch nicht lange wieder bei meiner Mutter.«

Die Patientin war im Alter von neun Monaten zu Pflegeeltern gekommen, nachdem der Vater von einer Auslandsreise nicht heimgekehrt und die Mutter an Multipler Sklerose erkrankt war. Mit sechs Jahren nahm die Mutter, deren Krankheit inzwischen zum Stillstand gekommen war, sie zu sich zurück.

Arzt: »Was ist Ihnen aus dieser Zeit in Erinnerung?«

Patientin: »Meine Mutter wollte mich immer umarmen. Aber ich habe das nicht gemocht. Sie blieb mir immer fremd.«

Arzt: »Was wissen Sie noch von Ihren Pflegeeltern?«

Patientin: »Die waren schon alt. Ich kann mich nur erinnern, daß ich nie das Gefühl hatte: Das sind deine Eltern.«

Arzt: »Können Sie sich an Zärtlichkeiten mit Ihren Pflegeeltern erinnern?«

Patientin: »Sie waren immer sehr besorgt um mich. Was meinen Sie mit Zärtlichkeiten?«

Arzt: »Nun, das, was Sie mit Ihrer Tochter tun, schmusen, auf den Arm nehmen, in einem Bett schlafen.«

Patientin: »Nein, das gab es mit meinen Pflegeeltern nicht. Dazu waren sie zu alt.«

Arzt: »Wie fühlen Sie sich?«

Patientin: »Ich bin traurig.«

Arzt: »Ja, ich bin auch berührt, wenn ich mir vorstelle, wie Sie mit neun Monaten von Ihrer Mutter getrennt wurden. Das ist für ein so kleines Mädchen eine Katastrophe. Wieviel Ihnen an Zärtlichkeit und Geborgenheit verlorengegangen sein muß. Ihre Pflegeeltern waren sicher gute Menschen. Aber sie konnten den Verlust der Mutter nicht wettmachen. In dieser Zeit ist Ihr Vertrauen in die Welt erschüttert worden. Und als mit sechs Jahren die Mutter wieder da war, war und blieb sie Ihnen fremd. Sie wollten auch ihre Zärtlichkeiten, die Sie ja nicht gewohnt waren, nicht. Als Ihre Tochter auf die Welt kam, taten Sie alles, um ihr die gleichen Entbehrungen zu ersparen, die Sie erleben mußten. Sie wurden mit Ihrem Kind ein Herz und eine Seele. Endlich konnten Sie mit Ihrem Kind die Liebe und Innigkeit nachholen, die Sie selbst so lange vermißt haben. Ich glaube, Sie waren mit ihrer Tochter anfangs vollkommen glücklich. Ihr Mann war da überflüssig.«

Die Ehepartner nicken ernst.

Arzt: »Doch das Glück mit Ihrer Tochter hat auch seine Schattenseiten: Zum einen wissen Sie, daß Ihr Mann darunter leidet, wenn er keine Zärtlichkeit mehr bekommt. Zum anderen wird Ihre Tochter größer, und Sie müssen irgendwann Abschied von der innigen Zweisamkeit mit ihr nehmen. Ich glaube, das sind wichtige Gründe für Ihre Ängste und Depressionen.«

Der Ehemann ist dem Gespräch aufmerksam gefolgt. Auf die Frage nach seinem Gefühl sagt er:

Ehemann: »Als ich meine Frau weinen sah, hätte auch ich weinen können.«

Arzt (zur Patientin): »Wie geht es Ihnen jetzt?«

Patientin: »Ich habe meinem Mann gegenüber ein schlechtes Gewissen. Manchmal frage ich mich, wie lange er das noch mitmachen wird?«

Arzt: »Wie fühlen Sie sich dabei?«

Patientin: »Ich bin sehr müde.«

Arzt: »Das Gespräch heute war für Sie sehr anstrengend. Ich fürchte, wir haben noch ein gutes Stück anstrengender Arbeit vor uns. Aber ich glaube, es wird sich lohnen.«

Dieses Protokoll aus der siebenten Stunde einer Paartherapie verdeutlicht nicht nur den Zusammenhang zwischen den aktuellen Nöten und Emotionen mit früh im Leben erlittenen Entbehrungen und Erlebensweisen, sondern auch die zwischenmenschlichen Verzweigungen und Wechselwirkungen seelischer Probleme. Deshalb ist die Einbeziehung anderer Familienmitglieder und Bezugspersonen so sinnvoll, insbesondere dann, wenn von ihnen in der Therapie oft gesprochen wird. *Mit den Betroffenen zu sprechen ist wesentlich effektiver, als über sie zu sprechen!*

Gewissen, Moral und Schuldgefühl

Der Dattelesser
Eine Frau kam mit ihrem kleinen Sohn zu dem weisen Ali. »Meister«, sprach sie, »mein Sohn ist von einem widerwärtigen Übel befallen. Er ißt Datteln von morgens bis abends. Wenn ich ihm keine Datteln geben, schreit er, daß man es bis in den siebenten Himmel hört. Was soll ich tun, bitte hilf mir!« Der weise Ali schaute das Kind freundlich an und sagte: »Gute Frau, geht nach Hause und kommt morgen zur gleichen Zeit wieder!« Am nächsten Tag stand die Frau mit ihrem Sohn wieder vor Ali. Der große Meister setzte den Jungen auf seinen Schoß, sprach freundlich zu ihm, nahm ihm schließlich die Dattel aus der Hand und sagte: »Mein Sohn, erinnere dich der Mäßigkeit. Es gibt auch andere Dinge, die gut schmecken.« Mit diesen Worten entließ er Mutter und Kind. Etwas verwundert fragte die Frau: »Großer Meister, warum hast du das nicht schon gestern gesagt, warum mußten wir den langen Weg zu dir noch einmal machen?« »Gute Frau«, antwortete da Ali, »gestern hätte ich deinem Sohn nicht überzeugend sagen können, was ich ihm heute sagte, denn gestern hatte ich selber die Süße der Datteln genossen!«
(Peseschkian, *Der Kaufmann und der Papagei*)

Wie schon erwähnt, erfordert das gesellschaftliche Zusammenleben Regeln, Gesetze und Vereinbarungen, also einen gemeinsamen und zuverlässigen Orientierungsrahmen. Diese für die Sozialisation unverzichtbaren Normen, wir nennen sie *primäre und sekundäre Fähigkeiten*, werden in der Erziehung vor allem durch Eltern und Schulen vermittelt. Sie gehen uns so sehr in Fleisch und Blut über, daß wir sie quasi automatisch befolgen, ohne weiteres Nachdenken. Mit den meisten dieser Normen kommen wir deshalb auch nie in

Konflikt, vielmehr sorgen sie für ein reibungsloses Funktionieren unseres Lebens, weil alle anderen Menschen, mit denen wir gewöhnlich zu tun haben, den gleichen Normen folgen.

Probleme entstehen erst,
- wenn unsere eigenen Normen und Werte im Widerspruch zu denen anderer stehen,
- wenn die äußeren Normen im Gegensatz zu unseren inneren Triebansprüchen stehen,
- wenn unsere Bedürfnisse, Interessen oder Überzeugungen mit denen anderer in Konflikt geraten und keine gemeinsamen und verbindlichen Normen für die Lösung dieses Konflikts vorhanden sind,
- wenn wir in eine Situation kommen, in der mehrere unserer verinnerlichten Normen oder Werte in Widerspruch zueinander stehen,
- wenn wir angesichts der Fülle verschiedenster Anschauungen, Philosophien, Ideologien, Religionen und Kulturen eine Vorstellung von dem für uns richtigen Weg gewinnen wollen.

Für solche Augenblicke sind wir mit einer Funktion unseres Geistes ausgestattet, die wir *Gewissen* nennen. Ein reifes Gewissen erschöpft sich nicht darin, die erlernten Sozialisationsnormen unnachgiebig zu erfüllen, das wäre die bloße Tyrannei des Sollens (siehe Seite 43). Es zeichnet sich vielmehr dadurch aus, daß es die sittlichen Vorbilder und Traditionen zwar achtet, sie aber zugleich mit wachen Sinnen, Vernunft und intuitivem Fühlen an der Lebensrealität prüft und sie in der intensiven Auseinandersetzung mit anderen Wertbegriffen ergänzt. Ein solches Gewissen ist unabhängig von der Meinung anderer, aber trotzdem nicht gleichgültig gegen sie. Es fühlt sich einer inneren Stimme verpflichtet, dem Ausdruck einer höchsten, beispielsweise göttlichen Wahrheit und ist mit tiefer Freude in der Verantwortung für sich selbst auch anderen Menschen verbunden. Wir wollen sehen, was der Entfaltung eines solchen Gewissens im Wege steht.

Tragische Schuld

In diesem Abschnitt wollen wir uns mit einem komplizierten, aber für das Verständnis von Schuldgefühlen, Angst und Depression grundlegenden Thema befassen: Es geht um das *Tabu des Inzests*. Ein Tabu ist mehr als ein strenges Verbot. Es ist eine heilige Grenze, deren Überschreitung verheerende Folgen hat. Tabu ist vor allem der intime Verkehr der Eltern mit ihren Kindern. Wenn Eltern ihre Kinder *sexuell mißbrauchen*, handelt es sich immer um eine *seelische Katastrophe* mit schrecklichen Konsequenzen für das Seelenleben des Kindes, oft auch für den mißbrauchenden Elternteil.

»Ich fühle mich wie betäubt«

Ein Vater verließ seine Frau und Tochter, als diese ein Jahr alt war. Die Mutter war durch diese Situation völlig überfordert. Sie schwankte zwischen Verzweiflung, Gleichgültigkeit und Überbesorgtheit um das Kind. Für das Mädchen war die Mutter immer unberechenbar. Nach sieben Jahren tauchte der Vater wieder auf. Das Mädchen war überglücklich, wieder einen Vater zu haben, der mit ihr Ausflüge machte und ihr Geschenke mitbrachte. Eines Tages holte sie der Vater von der Schule ab. Sie fuhren in einen Wald. Der Vater öffnete seine Hose und forderte seine Tochter auf, sein Glied zu streicheln. Das Mädchen gehorchte. Auf der Heimfahrt sagte der Vater, er könne sie jetzt nie mehr sehen, weil sie so etwas gemacht hätten. Sie sah ihren Vater nicht mehr wieder. 18 Jahre lang spricht sie mit niemandem über das Ereignis, aus Scham- und Schuldgefühlen und Angst, daß ihr keiner glaubt. Als junge Frau trinkt sie viel Alkohol und nimmt Drogen. Sie macht sich einen Spaß daraus, »Männer erst heiß zu machen und dann abblitzen zu lassen«. Der Freund ihrer besten Freundin, den sie in dieser Weise provoziert hat, verfolgt sie bis in ihre Wohnung. Sie fühlt sich wie gelähmt, als dieser gegen ihren Willen mit ihr schläft. Seitdem hat sie kein Gefühl mehr in ihrem Körper. »Ich fühle mich wie betäubt. Ich kann eine Zigarette auf meiner Haut ausdrücken und fühle nichts. Ich weiß nicht, wo mein Körper anfängt und wo er aufhört.« Ihre beste Freundin erfährt von diesen Nachstellungen durch ihren Freund und springt am nächsten Tag aus dem achten Stock eines Hochhauses. Sie ist sofort tot. Wenige Tage später nimmt die junge Frau eine Überdosis Beruhigungstabletten. Nur durch Zufall wird

sie gefunden und ins Krankenhaus gebracht, wo man ihr den Magen ausspült. Auch nach der Entlassung aus der Klinik sehnt sie sich danach, ihrem Leben ein Ende zu setzen.

Diese Leidensgeschichte ist leider nicht erfunden. Sie ist nicht einmal eine seltene Ausnahme. Sie demonstriert das Paradoxon, daß ein mißbrauchtes Kind nicht nur unter dem entsetzlichen *Vertrauensbruch* und dem *Schamgefühl* zu leiden hat. Es muß auch noch die Schuld für den Inzest auf sich laden und hat immer darunter zu leiden. Das nennen wir *tragische Schuld.* Es ist leicht nachzuempfinden, wie schwer mißbrauchte Menschen in ihrem Glauben an sittliche Werte, Gerechtigkeit und die Verläßlichkeit anderer Menschen erschüttert sind. Ihr Gewissen nimmt Schaden und pendelt haltlos zwischen grausamer Strenge gegen sich und andere und einer Haltung des Laisser-faire, so daß die Betroffenen immer wieder in Situationen geraten, die dem ursprünglichen inzestuösen Mißbrauch ähneln.

Der Mißbrauch von Kindern ist eine ebenso häufige wie bedrückende gesellschaftliche Realität. Kinder bringen von Natur aus ihren Eltern vollkommenes Vertrauen entgegen. Den Eltern gilt ihre ganze Liebe, Hoffnung und Bewunderung. Knaben haben in der Regel eine besondere Affinität zu ihren Müttern. Mädchen zu ihren Vätern. Es ist eine natürliche kindliche Phantasie, die Mutter oder den Vater zu heiraten. Und es ist auch nicht ungewöhnlich, daß Töchter gerne ihre Mutter und Söhne ihren Vater in der Gunst um den begehrten Elternteil ausstechen würden. Kinder können unerhört zärtlich und charmant sein. Welch ein Triumph ist das, wenn es für eine gewisse Zeit gelingt, den Vater in ihren oder die Mütter in seinen Bann zu ziehen. Soweit ist alles völlig normal. Was aber ist, wenn die Eltern unerfüllte sexuelle Wünsche haben, wenn zum Beispiel die Ehe krankt oder abweichende sexuelle Neigungen das Liebesleben behindern? Welcher vom Ehemann vernachlässigten Mutter ist es zu verdenken, daß sie die an sich harmlosen Zärtlichkeiten mit ihrem kleinen Sohn intensiver und länger genießt, als es diesem vielleicht gut tut? Welcher Vater ist davor gefeit, von der Attraktivität seiner zur Frau werdenden Tochter irritiert zu sein und Eifersucht gegenüber ihren Freunden zu empfinden? Das ist sicherlich weit entfernt von dem oben geschilderten Beispiel unverzeihlichen Mißbrauchs. *Aber wo ist die Grenze?*

Im Alter von etwa fünf Jahren geben Kinder in der Regel ihr Liebeswerben um den gegengeschlechtlichen Elternteil auf. Mädchen wollen von nun an so sein wie die Mutter. Söhne versuchen, es dem Vater gleichzutun. Wenn die Inzestgrenze nicht eindeutig ist, bleiben die Kinder womöglich länger an den gegengeschlechtlichen Elternteil gebunden. Sogenannte Muttersöhnchen bleiben dann verweichlicht und vermeiden es, sich mit den Gleichaltrigen zu messen. Unter Umständen fällt es ihnen bis ins Erwachsenenalter hinein schwer, sich aus der mütterlichen Umsorgung zu lösen und sich statt dessen auf eine stabile Partnerschaft einzulassen. Solche Männer wechseln häufig ihre Geliebte, um unbewußt der Mutter die Treue halten zu können.

Mädchen bleiben nicht selten die Favoritin des Vaters, den sie mit ihrem Charme »um den Finger wickeln können«. In der Pubertät zieht sich der Vater dann plötzlich zurück, wenn ihn erotische Empfindungen gegenüber seiner Tochter erschrecken. Oder die Tochter fühlt sich von den vermeintlich oder tatsächlich begehrlichen Blicken des Vaters verunsichert und geht auf Abstand. Unter solchen Voraussetzungen sind auch für die heranwachsenden Mädchen die partnerschaftlichen Bindungen erschwert, denn unbewußt suchen sie in ihren Freunden oder Ehemännern die Vaterfigur. Das Inzesttabu aber verbietet intime Beziehungen zum Vater und zum späteren »Ersatzmann«, darum leiden solche Frauen häufig an sexuellen Problemen. Ständiger Partnerwechsel oder eine »Treue zweiter Ordnung«, das ist eine heimliche, aber über lange Zeit stabile außereheliche Bindung, sind mögliche Folgen.

Es ist offensichtlich, daß die beschriebenen *inzestuösen Konstellationen* eine Fülle von *Gewissenskonflikten und Ängsten* mit sich bringen: Der von der Mutter verhätschelte Sohn muß die Rache des vernachlässigten Vaters fürchten. Die ungewohnt rauhe Welt außerhalb der mütterlichen Obhut macht ihm angst. Er ist sich seiner männlichen Geschlechtsrolle unsicher und meidet intime Kontakte zu Frauen. Oder er steht im Konflikt zwischen seiner Partnerin und seiner Mutter, die beide Anspruch auf ihn erheben. Die vom Vater favorisierte Tochter hat Schuldgefühle gegenüber ihrer gekränkten Mutter. Sie leidet unter der Eifersucht ihres Vaters oder unter einem ständig schlechten Gewissen wegen ihrer Treue zweiter Ordnung.

Liebesgefühle zwischen Patienten und Therapeuten

Vom Übermaß der Lust wird Leid hervorgebracht;
das Auge selber weint, sobald man heftig lacht.
(Friedrich Rückert)

Eine inzestuöse Situation besonderer Art kann die therapeutische Beziehung sein. Patientinnen verlieben sich nicht selten in ihren Therapeuten und Patienten in ihre Therapeutin. *Die therapeutische Situation ist dadurch gekennzeichnet, daß kindliche Gefühle aktiviert werden.* Diese zeitweise Rückkehr oder *Regression* in die Empfindungswelt der Kindheit ist therapeutisch durchaus beabsichtigt, denn sie ermöglicht es, unbewußte Bedürfnisse und Ängste zu erhellen. Damit hat aber auch die Liebe zum Therapeuten immer etwas Kindliches und Bedürftiges, der Liebe zu Mutter oder Vater vergleichbar. Diese Liebe wäre unter normalen Umständen kaum zustande gekommen, sondern ist der besonders intensiven Zuwendung des Therapeuten oder der Therapeutin zu verdanken. Gleichzeitig gelten Therapeuten als verbotene, tabuierte und damit unerreichbare Liebespartner, in die man sich sozusagen gefahrlos verlieben kann. Schlimm ist es, wenn diese professionellen Helfer wegen eigener unerfüllter Liebeswünsche *schwach werden* und einer intimen Beziehung zu ihren Patienten erliegen. Damit verliert nicht nur die Therapie ihre Wirksamkeit und Glaubwürdigkeit. Diese Intimität setzt möglicherweise eine Serie von Mißbrauchserfahrungen (z. B. Onkel, älterer Bruder, Lehrer, Arbeitgeber, Therapeut) fort und verfestigt damit die seelischen Verwirrungen, Ängste, Scham- und Schuldgefühle, die Mißbrauch immer anrichtet.

In der Ausbildung von Psychotherapeuten wird viel Zeit für deren Selbsterfahrung aufgewandt. Sie sollen dabei ihre eigenen Schwächen kennen und bewältigen lernen, damit sie während der Behandlung nicht ihre eigenen Probleme mit denen der Patienten verwechseln oder verstricken. Trotz dieser Vorsorge kann jeder

Therapeut und jede Therapeutin, die ja immer auch Privatperson bleiben, in eine kritische Situation kommen. Es ist keine Schande, von der Attraktivität eines Patienten oder einer Patientin verunsichert zu sein. Es ist aber unter solchen Umständen die unabdingbare Pflicht des Therapeuten, Beistand bei einem erfahrenen Kollegen seines Vertrauens zu suchen. Diesen fachlichen Beistand nennen die Psychotherapeuten *Supervision*. Wenn der Therapeut trotz der Supervision keine Kontrolle über seine Gefühle gewinnen kann, ist es notwendig, den Patienten zur Weiterbehandlung an einen anderen Therapeuten zu verweisen.

Unvermeidliche Schuld

Die biblische Geschichte vom Sündenfall ist ein Sinnbild dafür, wie menschliche Erkenntnis, Bewußtsein und Willensfreiheit mit der Erfahrung von Schuld unweigerlich verknüpft sind. Noch deutlicher wird dieser Zusammenhang in der antiken griechischen Tragödie, in der der Held schuldig wird, obwohl er alles unternimmt, um recht zu handeln.

Als Beispiel möge Sophokles' Tragödie von Ödipus dienen, der vom Orakel zu Delphi die Weissagung erhält, daß er seinen Vater töten und seine Mutter heiraten würde. Um der schrecklichen Prophezeiung zu entgehen, verläßt er seine Eltern, die – ohne daß Ödipus es wissen kann – nur seine Pflegeeltern sind. Auf seiner Wanderschaft erschlägt er in einem Streit seinen wirklichen Vater, den König von Theben. Er befreit die Stadt Theben vom Joch der Sphinx und erhält zur Belohnung seine leibliche Mutter Jokaste zur Frau und damit den Thron. Das Unheil nimmt seinen Lauf. Ödipus sucht unnachgiebig nach der Wahrheit. Als er seine entsetzliche Schuld erkennt, sticht er sich die Augen aus, verläßt Theben und wandert als verzweifelter Bettler viele Jahre umher. Schließlich findet er Gnade und Erlösung bei den Göttern.

Der antike Held gab den Namen für Freuds Theorie des Ödipuskomplexes. Sie besagt, daß Ängste ihre Ursache in der ungelösten Liebe des Kindes zum gegengeschlechtlichen Elternteil haben. Im vorangegangenen Abschnitt sind wir auf die Schuld- und Schamgefühle eingegangen, die entstehen, wenn die Inzestschranken in der Familie nicht klar genug sind. Die Ödipustragödie steht aber noch für eine weitere Erfahrung des Menschseins: *Was immer wir tun und wie sehr wir uns auch um ein ethisch richtiges Handeln bemühen mögen, wir bleiben dennoch immer etwas schuldig, sei es uns selbst, anderen oder irgendwelchen Grundsätzen und Anforderungen gegenüber:*

- Eine Mutter mit drei Kindern wird immer die Bedürfnisse der zwei anderen, ihre eigenen und die ihres Mannes zurückstellen müssen, wenn ein Kind krank ist und sie vermehrt in Anspruch nimmt.

- Ein Notarzt muß sich an einer Unfallstelle mit mehreren Verletzten für einen entscheiden, den er zuerst behandelt. Möglicherweise kommt für den Nichtbehandelten die Hilfe zu spät.

- Eine 32jährige Architektin mit einer glänzenden beruflichen Karriere wird von ihrem Mann, der sich wie sie selbst sehnlichst Kinder wünscht, zu einer Entscheidung gedrängt. Sie fühlt sich jedoch ihrem beruflichen Talent ebenso wie ihrer biologischen Bestimmung verpflichtet und will sowohl das eine wie das andere ganz und richtig machen.

- Ein sonst pflichtbewußter Polizist wird zu einem Einsatz gegen Asylanten befohlen, gegen deren Abschiebung er zutiefst moralische und politische Bedenken hegt. Wegen seiner kritischen Aussagen hat er sich bereits das Mißtrauen und die Mißbilligung seiner Vorgesetzten und vieler Kollegen zugezogen.

Unehrliche Schuldgefühle und Verantwortung

Schuldgefühle entspringen keineswegs immer einer aufrichtigen Stimme des Gewissens, die das schuldhafte Verhalten nachhaltig korrigieren will. Vielmehr scheinen sie oft eine Art von *Bußübung* und Selbstbezichtigung zu sein, um mögliche Kritik, auch die des eigenen Gewissens, zu beschwichtigen. Mit den Selbstbeschuldigungen und dem demonstrativen Leiden sollen andere wohlwollend und gnädig gestimmt werden, damit sie sich nicht abwenden. Dahinter steckt meist nichts weiter als die Angst vor zukünftigen Nachteilen. Im Gegensatz zum Verantwortungsgefühl sind solche Schuldgefühle nicht etwa ein ehrliches Bekenntnis zum eigenen Tun. Noch weniger sind sie ein Entschluß zum Verzicht, sondern ein *Wiedergutmachungsritual mit der bewußten oder unbewußten Absicht, das Verbotene, nachdem man genug gebüßt und gelitten hat, wieder zu tun.* Solche unehrlichen Schuldgefühle binden die, die ihnen verfallen sind, an ein endloses und unfruchtbares Wechselspiel von Gewissensqual und Wiederholungszwang. Jede neue Runde dieses zermürbenden Spiels fordert einen hohen Preis: Für wenig Lust muß mit viel Leid bezahlt werden.

Der erste Schritt, das traurige Ritual zu beenden, ist das *Bekenntnis zum eigenen Tun.* Statt Schuldgefühle zu beklagen, gilt es, Verantwortung für alles, was wir tun, zu übernehmen. Das, was wir tun, wollen wir auch. Es gibt nur einen guten Grund, etwas zu tun, was wir nicht wollen, oder etwas nicht zu tun, obwohl wir es wollen: Das ist Angst. Und Angst hat immer eine Ursache, an der wir arbeiten können. Aber selbst wenn wir alle Gründe unserer Angst kennen, geht davon allein die Angst nicht weg. Es bleibt uns schließlich nichts anderes übrig, als uns der Angst zu stellen und ihr entschlossen ins Gesicht zu sehen.

Die Angst hinter der Angst

Wenn wir einen Menschen hassen, so hassen wir in seinem Bild etwas, was in uns selbst sitzt. Was nicht in uns selber ist, das regt uns nicht auf.
(Hermann Hesse)

Wir betonten bereits in der Einführung, daß das Schlimmste an der Angst zumeist deren Unbegreiflichkeit und scheinbare Unangemessenheit ist. Wir haben gezeigt, daß Ängsten und Depressionen stets mehrere Faktoren zugrunde liegen, wie Veranlagung, körperliche Fehlfunktionen, Kindheitserfahrungen, einschneidende Lebensereignisse, aktuelle Belastungen, Konflikte und Mikrotraumen sowie bedrohliche Ereignisse in der Zukunft. Und wir erwähnten schon, daß die Seele über »Tricks« verfügt, um mit unerträglichen Erlebnissen fertig zu werden, die sogenannten *Abwehrmechanismen.* Einer davon ist die *Verdrängung,* das scheinbare Vergessen. Eine weitere Strategie ist die *Verschiebung.*

Abwehrmechanismen treten in Aktion, wenn tief im Inneren eine schwer greifbare, vernichtende Angst gärt und uns zu überfluten droht. Zum Beispiel Angst vor Identitätsverlust – wenn man gar nicht mehr weiß, wer man ist –, vor der Sinn- und Wertlosigkeit des Lebens oder sogar Todesangst, die Angst vor den eigenen triebhaften Impulsen, vor allem wenn sie zerstörerisch sind, oder vor einem übermächtigen Gewissen. Solche verborgenen, tiefsitzenden Ängste machen sich über das Ventil einer weniger bedrohlichen Angst Luft. Man stelle sich einen Vulkan vor: Nach außen hin sieht alles die meiste Zeit ganz friedlich aus. Aber unter den Gesteinsmassen schlummern gewaltige und gefährliche Energien. Dann öffnet sich die Erde plötzlich an verschiedenen Stellen – mitunter weit vom Krater entfernt – und schleudert Feuer und Schwefel heraus. So ähnlich verhält es sich bei vielen Menschen mit Angst und Depressionen. Eine schwer faßbare, diffuse Angststimmung sucht sich einen konkreten Gegenstand, an dem sie sich festmachen kann. Ein Ziehen in der Brust zum Beispiel, das von einer harmlosen Verspannung der Brustmuskulatur herrührt, wird zum Anlaß einer heftigen Angst um das eigene Herz, das sich zu einer Herzphobie auswachsen kann. Das hat den Vorteil, daß der Phobiker etwas Greifbares in der Hand hat, einen *Pseudogrund* für seine Befürchtungen. Er kann sich und viele Ärzte mit seinen Herzsymptomen lange beschäftigen und erspart sich damit die Auseinandersetzung mit den eigentlichen, tiefer liegenden Ängsten.

Fazit

In der vorgeschobenen Angst liegt die geballte Energie der verborgenen, weshalb die vorgeschobene Angst oft so übertrieben anmutet. Deshalb ist es unsere Aufgabe, die grundlegende Angst aufzufinden, anzuschauen, anzufühlen, uns mit ihr vertraut zu machen und sie schließlich zu meistern.

Die positiven Aspekte meiner Angst*

Angst befreit von Hochmut.

Angst macht toleranter und duldsamer gegen andere und sich selbst.

Angst läßt einen die kleinen Freuden des Lebens besser erkennen und genießen.

Angst schützt mich vor zu großen Anstrengungen und Überforderungen.

Angst fördert Verständnis für Minderheiten.

Angst mindert den Perfektionsdrang.

Angst schärft den Blick für das Wichtige.

Angst macht ehrlich – sich und anderen gegenüber.

Angst läßt mich die echten Freuden von den falschen besser unterscheiden.

Angst bringt mich dazu, auch einmal an mich selbst zu denken.

Was würde ich machen, wenn ich keine krankmachende Angst mehr hätte?

- *körperlich:*
  Ich würde wieder mehr Sport treiben.
  Ich würde mich insgesamt körperlich mehr fordern.
  Ich würde versuchen, mir Freude und Bestätigung durch handwerkliche Arbeiten zu schaffen.
- *beruflich:*
  Ich würde Fortbildungskurse belegen, aber nur mit Themen, die *mich* interessieren.
  Ich würde neue Arbeitsgebiete und Techniken erlernen, was mir zur Zeit durch die Angst kaum möglich ist.
- *Familie und Kontakte:*
  Ich würde allein mit meiner Frau eine schöne, romantische Reise machen.
  Ich würde ein großes Ferienhaus mieten und würde mit

---

* [52jähriger Chemiker mit Ängsten, Depressionen und Zwängen nach der fünften Therapiesitzung]

Freunden und der Großfamilie ein verlängertes Wochenende feiern.

Ich würde die Verbindungen zu Freunden und Bekannten, die durch die Angst auseinandergegangen sind, wieder auffrischen und pflegen.

Ich würde Gewissenserforschung betreiben und versuchen, *langsam* die erfüllbaren Wünsche an das Leben zu verwirklichen.

* *Weitere Zukunft, Sinn des Lebens, Tod, Gott:*
  Ich würde in Zukunft mit absoluter Sicherheit viel bewußter leben, und zwar so, daß, wenn ich einmal gestorben bin, etwas Beständiges von mir zurückbleibt.

  Der Tod hätte dann nicht mehr so sehr den Schrecken, denn es ist bestimmt leichter, nach einem erfüllten, befriedigenden Leben zu sterben, als wenn durch die Angst sehr viele, an sich einfache Wünsche unerfüllt bleiben.

Der Sinn von Angst und Depression

Probleme sind nicht da, um gelöst zu werden. Sie sind lediglich die Pole,
zwischen denen sich die fürs Leben notwendige Spannung erzeugt.
(Hermann Hesse)

Seelisches und körperliches Leiden erscheinen auf den ersten Blick sinnlos und überflüssig. Warum soll es nicht möglich sein, immer unbeschwert und heiter, angst- und schmerzfrei, bequem und lustvoll das Leben zu genießen? Eine ganze Armada von Politikern, Kaufleuten, Versicherungsexperten und Werbefachleuten suggeriert uns Sicherheit, Bequemlichkeit und ungetrübte Sinnesfreude. Die pharmazeutische Industrie verspricht rasche und mühelose Beseitigung von Beschwerden und Schmerzen. Auch viele Mediziner und ihre Patienten glauben, daß mit Naturwissenschaft und Technik fast alle Krankheiten zu besiegen sind.

Aber so ist es leider nicht. Trotz aller Anstrengungen von Medizin, Psychologie und Wohlfahrtsstaat triumphieren Angst und Depression. Der vielköpfigen Hydra gleich wuchern sie nur um so heftiger in die Gesellschaft hinein, je mehr Köpfe ihnen abgeschlagen werden. Sind also Ängste und Depressionen eine sich ausbreitende Seuche, Geiseln der Menschheit wie ehemals die Pest? Oder gehören sie – gründlich verkannt – zu dem Kostbarsten, was wir haben?

Unsere Antwort auf diese Fragen haben Sie bereits in den positiven Grundannahmen in der Einführung kennengelernt: Ängste und Depressionen sind *Alarmzeichen,* die Schlimmeres verhüten sollen. Sie sind ein *Aufbegehren des Körpers und der Seele* gegen reale Gefahren, ungelöste Konflikte, untragbare Belastungen, unerfüllte Bedürfnisse und ungenutzte Potentiale. Ängste und seelische Schmerzen vermitteln zwischen unseren Trieben, Lüsten und Wünschen einerseits und den natürlichen und gesellschaftlichen Realitäten, Grenzen und Gesetzen andererseits. Durch sie vollziehen wir die *notwendige Anpassung* an die Gegebenheiten des Daseins. Gleichzeitig erinnern sie uns an unsere *individuelle Identität,* die sie bewahren helfen. Ängste und Depressionen als zutiefst berechtigte und sinnvolle Reaktionsweisen anzuerkennen ist unserer Überzeugung nach die größte Chance, sie zu heilen.

Zusammenfassung

Im ersten Teil haben wir die zahlreichen körperlich-sinnlichen und gedanklichen Erscheinungsformen, die Verhaltensweisen bei Angst und Depression und ihre Maskierungen vorgestellt. Oft stehen Ängste und Depressionen mit einer Vielzahl aktueller und realer Gefahren oder Belastungen für das seelische und körperliche Gleichgewicht im Zusammenhang. Auch Erlebnisse in der Kindheit, selbst wenn sie scheinbar längst vergessen waren, können einen beträchtlichen Einfluß auf die gegenwärtige Seelenverfassung haben. Wir wollten zeigen, daß es in der Regel mehrere Erklärungen für Angst und Depressionen gibt, daß sie nur dann richtig verstanden werden können, wenn man sich die vielfältigen körperlichen, beruflichen und sozialen Einflüsse in der Gegenwart, in der Zukunft und in der Vergangenheit, Bewußtes und Unbewußtes vor Augen führt. Diese vielen *kleinen* Belastungen, von denen jede für sich alleine keineswegs dramatisch sein muß, nennen wir auch *Mikrotraumen*. Sie wirken kumulativ, wie der stete Tropfen, der den Stein höhlt.

Unser wichtigstes Anliegen in diesem Teil des Buches aber war, zu verdeutlichen, daß Menschen mit Ängsten und Depressionen in der Regel nicht verrückt oder in irgendeiner Weise defekt sind, sondern über eine wertvolle Ausstattung mit gesunden und lebenswichtigen Fähigkeiten verfügen, mit denen sie, sei es auch mit vorübergehender professioneller Unterstützung, ihr Leiden in den Griff bekommen können. Ängste und Depressionen haben die besten Heilungsaussichten, wenn sie als berechtigt und sinnvoll anerkannt werden. Welche Art von Hilfe nützlich und sinnvoll ist, wie der helfende Angehörige, Freund oder Behandler vorgehen soll und wie man sich als Betroffener selbst helfen kann, erfahren Sie im jetzt folgenden zweiten Teil.

Zweiter Teil:
Anleitung zur Hilfe und Selbsthilfe

Der kluge Arzt
Es war einmal in alten Zeiten eine Frau in Bagdad, die war so dick,
daß sie nicht gehen konnte. Eines Tages faßte sie den Entschluß, zu
einem Arzt zu gehen. Der sollte ihr eine Medizin gegen ihre Fettlei-
bigkeit geben. Sie ging zum Haus des Arztes. Als sie dort angekom-
men war, winkte der Arzt sie zu sich und sagte: »Tritt näher!« Sie
setzte sich hin, und der Arzt fragte, wie es ihr gehe. Die Frau ant-
wortete: »Ach danke, ganz gut. Ich bin gekommen, damit du mich
untersuchst.« Und er fragte sie: »Was hast du denn?« Die Frau ant-
wortete: »Ich möchte, daß du mir eine Medizin machst gegen meine
Fettleibigkeit.« Der Arzt sagte: »Wenn Gott will. Aber ich muß zu-
erst das Orakelbuch befragen, damit ich sehe, welche Medizin für
dich paßt. Geh jetzt nach Hause. Morgen komm wieder und hol dir
die Antwort.« Die Frau sagte: »Wenn Gott will«, und ging nach
Hause. Am folgenden Tag kam sie wieder, um die Antwort zu holen.
Der Arzt sagte ihr: »Liebe Frau, ich habe in dem Buch nachgesehen;
ich fand darin, daß du in sieben Tagen sterben wirst. Deshalb, meine
ich, brauchst du keine Medizin, wenn du sowieso stirbst.« Als die
Frau die Worte des Arztes hörte, fürchtete sie sich sehr. Sie kehrte
nach Hause zurück, aß nicht, trank nicht und war sehr traurig und
wurde sehr mager. Es vergingen sieben Tage, aber sie starb nicht. Sie
erreichte den achten Tag, aber sie starb nicht. Da ging sie zum Arzt
und sagte zu ihm: »Heute ist der achte Tag, und ich bin nicht ge-
storben.« Der Arzt fragte: »Bist du nun dick oder dünn?« Sie sagte:
»Ich bin dünn, ich bin vor Todesfurcht ganz abgemagert.« Der Arzt
sagte zu ihr: »Das eben war die Medizin, die Furcht.« Und die Frau
ging nach Hause.

Die Angst vor der Therapie überwinden

Die Bewältigung von Angst gibt es nicht umsonst.
In der Psychotherapie können Ängste ausgesprochen erfolgreich behandelt werden. Dabei ist die Bereitschaft des Betroffenen, sich den Mühen der Therapie konsequent zu stellen, die wichtigste Voraussetzung für deren Erfolg. Weil die versteckte oder manifeste Angst zugleich das Kernproblem der unterschiedlichsten seelischen Leiden ist, kann der Grundstein für die Heilung erst dann gelegt werden, wenn es gelingt, psychosomatische Probleme, Zwänge und Depressionen auf die ihnen zugrundeliegenden Ängste zurückzuführen. Nehmen wir als Beispiel die Lebensangst: Wenn ein resignierter oder des Lebens überdrüssiger Mensch im Verlauf der Therapie wieder Angst verspürt, so ist das als gewaltiger Fortschritt zu werten, denn sie ist der Ausdruck seines noch vorhandenen Lebensantriebs.

Welcher Therapeut ist der richtige?

Die Chance, aus eigener Kraft aus dem Teufelskreis von Angst und Depression herauszukommen, ist leider gering. Je länger sich die Betroffenen allein und erfolglos herumquälen, desto tiefer versinken sie im Morast von verzweifelter Anstrengung, Vergeblichkeit, Erschöpfung, Selbstwertverlust, Schamgefühl, Rückzug und Resignation. Deshalb ist der frühzeitige Weg zu einem professionellen Helfer der entscheidende erste Schritt. Nur, welcher der zahllosen Therapeuten ist der richtige? Die Wahl kann nur eine persönliche, völlig *subjektive Entscheidung* sein, bei der sich der Patient wesentlich durch sein gutes Gefühl leiten läßt. Dennoch gibt es eine Reihe von Kriterien, die bei der Auswahl helfen können.

Die menschlichen Qualitäten des Therapeuten

Angst und Depression mitteilen heißt, sie in Stückchen zu zerteilen.
(Arno Remmers)

Meist haben Menschen mit Ängsten und Depressionen nicht nur ihr Selbstvertrauen verloren, sondern sie wurden auch in ihrem Vertrauen zu anderen Menschen irgendwann nachhaltig erschüttert. Eine erfolgreiche Behandlung von Ängsten und Depressionen ist kaum möglich, wenn in der Beziehung zum Therapeuten das Vertrauen nicht wiederhergestellt werden kann. Dabei sind schon während des Aufbaus einer Vertrauensbasis in therapeutischen Beziehungen erhebliche Hindernisse zu überwinden und lang anhaltende Belastungen auszuhalten. Der Patient sucht ja bewußt oder unbewußt die Psychotherapie auf, weil er dort seine früheren Konflikte und Mangelerfahrungen wiederbeleben möchte. Diesmal allerdings unter günstigeren und gefahrloseren Voraussetzungen, um sie endlich zu meistern. Deshalb wird der Patient – in der Regel ohne sich dessen bewußt zu sein – den Therapeuten unerbittlich auf seine menschlichen Qualitäten testen. Er wird Gefühle aus früheren Bindungen, beispielsweise aus der Beziehung zu den Eltern, auf den Therapeuten übertragen, und auch der Therapeut wird unweigerlich mit bestimmten Gefühlen auf den Patienten reagieren. Der rechte Umgang mit diesen wechselseitig entgegengebrachten Gefühlen stellt an den Therapeuten hohe Anforderungen.

Untersuchungen haben ergeben, daß nicht so sehr das theoretische Modell über den Therapieerfolg entscheidet, also die Frage, ob Psychoanalyse, Verhaltens- oder Gestalttherapie angewandt wird, sondern vielmehr die zwischenmenschlichen Basisqualitäten des Therapeuten den Ausschlag geben. So sollte der Therapeut

- *zuhören* können, d. h. die Fähigkeit besitzen, genügend Geduld und Zeit aufzubringen;
- den *Patienten uneingeschränkt ernst nehmen* und seine Probleme als wichtig anerkennen;

- *Zuversicht ausstrahlen*, d. h. an die Fähigkeiten, die Ressourcen und das Heilungspotential des Patienten glauben;
- *ausreichend Erfahrung*, am besten sogar eigene Erfahrungen mit Angst und Depressionen haben;
- *Selbstvertrauen haben*, d. h. den Glauben an die eigenen menschlichen und therapeutischen Fähigkeiten;
- sich in den Patienten einfühlen können und wollen, zur *emotionalen Anteilnahme* bereit sein und sich auf die möglichen Schwierigkeiten in der therapeutischen Beziehung einlassen;
- in seinen verbalen und nonverbalen Äußerungen *glaubhaft* und echt sein.

Das sollte ein Therapeut vermeiden:
- *Ratschläge erteilen.* Dauerhafte Lösungen für die eigenen Probleme können nur aus dem Patienten selbst stammen. Dem Therapeuten kommt die Aufgabe zu, klärende Fragen zu stellen und die Aufmerksamkeit auf Aspekte zu lenken, die der Patient bislang nicht beachtet hat.
- *Moralisieren.* Der Therapeut darf nicht seine Wertvorstellungen über die des Patienten stellen. Die Art der Lebensgestaltung muß dem Patienten, nicht dem Therapeuten gerecht werden.
- *Belehren.* Patienten verfügen über eigene Lebenserfahrung. Naturgemäß kennen sie sich in ihrer Lebenssituation viel besser aus als der Therapeut. Belehrungen passen nicht zum Umgang mit eigenverantwortlichen und mündigen Menschen.
- *Verhören.* Der Therapeut ist kein Detektiv, der um jeden Preis alle Schwächen des Patienten offenlegen muß. Das Bedürfnis des Patienten, nicht alles (gleich) preiszugeben, ist unbedingt zu respektieren.
- *Klassifizieren.* Striktes Einordnen der Patientenpersönlichkeit in typologische oder diagnostische Schubladen ignoriert die Einzigartigkeit eines jeden Individuums. Therapeuten behandeln Menschen, keine Diagnosen.
- *Theoretisieren.* Jeder Therapeut braucht für seine Arbeit ein Arbeitsmodell. Die Theorie ist aber nur ein Werkzeug, die niemals über die Lebenswirklichkeit und die Gefühle von Patient und Therapeut gestellt werden darf.

- *Bagatellisieren.* Nicht die äußerlich sichtbare Not, sondern das subjektive, innere Leiden des Patienten ist der Maßstab für die Dringlichkeit psychotherapeutischer Hilfe.

Am Anfang steht die gründliche ärztliche Untersuchung

Drei Dinge machen die Medizin: die Krankheit, der Kranke und der Arzt.
Alle Heilkunst ist aber vergebens,
wenn der Kranke nicht mitwirkt mit seinem Arzt.
(Paracelsus)

Angst und Depressionen haben nicht selten körperliche Ursachen oder werden durch körperliche Krankheiten mit verursacht. Deshalb sollte unbedingt die folgende Diagnostik zum Ausschluß organischer Erkrankungen, Funktionsstörungen oder Mangelerscheinungen von einem Arzt durchgeführt werden:
- eingehende Anamnese (ärztliche Befragung)
- eingehende körperliche und neurologische Untersuchung
- Labor: Blutbild, Differentialblutbild, Gamma-GT und GPT (Leber), Kreatinin (Niere), Cholesterin, Triglyceride (Blutfette), Vitamin B_{12}, Folsäure, TPHA (Syphilis), HIV (Aids), TSH (Schilddrüse), Blutzucker, Elektrolyte (Calcium, Kalium), Ferritin (Eisenreserven)
- ggf. EKG, EEG, Computertomographie
- bei Verordnung von Antidepressiva: Prostata, Augeninnendruck

Fünf Stufen der Hilfe und Selbsthilfe

An den kleinen Dingen muß man sich nicht stoßen,
wenn man zu den großen auf dem Weg ist.
(Friedrich Hebbel)

Es gibt viele verschiedene Ansätze zur Behandlung von Angststörungen und Depressionen: medikamentöse Therapie, Verhal-
tenstherapie, Psychoanalyse, Gestalttherapie, Logotherapie,
Primärtherapie, Gesprächstherapie, Transaktionsanalyse, Psycho-
drama, Paartherapie, Familientherapie, Gruppentherapie und andere mehr. Wir wollen uns hier nicht an dem unfruchtbaren Streit
der psychotherapeutischen Schulen um die bessere Ideologie betei-
ligen. Es ist vorteilhaft, wenn der Therapeut Erfahrungen mit mehreren Methoden hat, um sich flexibel auf die Anforderungen des
jeweiligen Einzelfalles einstellen zu können. Die Positive Psychotherapie vereinigt die wirksamen Elemente verschiedener Therapie-
formen zu einem fünfstufigen Vorgehen, mit dem sich in der Praxis
gut arbeiten läßt. (Vgl. Peseschkian, *Positive Psychotherapie*, Fischer
Taschenbuch Verlag, Frankfurt am Main, S. 365–400)

1. Beobachtung: Die richtige Wahrnehmung der inneren und äußeren Realität

Ein Kluger bemerkt alles.
Ein Dummer macht über alles eine Bemerkung.
(Heinrich Heine)

Im ersten Teil haben wir dargestellt, daß Angst und Depressionen mit charakteristischen körperlichen Mißempfindungen einhergehen. Nehmen wir als Beispiel heftiges und schnelles Herzklopfen, wie es jeder auch nach einer starken körperlichen Anstrengung kennt. Dieses Symptom ist sicher unangenehm, aber durchaus erträglich. Auch die meisten anderen Angstsymptome, wie zum Beispiel Schwitzen, Zittern, flaues Gefühl im Magen oder Schwindel, sind zwar unangenehm, wären aber leicht auszuhalten, wenn man sicher wüßte, daß sie ungefährlich sind. Das Schlimmste an den körperlichen Angstsymptomen ist, daß sie für die Situation unpassend und unerklärlich erscheinen und daß sie sich der willentlichen Kontrolle entziehen. Hier setzt das Denken ein. Das Denken verlangt nach einer Erklärung für das Unerklärliche und erfindet denkbar schlechte Erklärungen: Ich werde sterben, ich werde verrückt, ich werde mich blamieren. Die katastrophierende Interpretation körperlicher Mißempfindungen ist das eigentliche Problem der Angsterkrankungen. Denn das Herbeidenken einer Katastrophe versetzt den Körper erst recht in heftige Erregung, die den Betroffenen darin bestärkt, daß wirklich eine Katastrophe droht. Die Konsequenz ist ein sich aufschaukelnder Teufelskreis, der schließlich in Panik mündet oder zum totalen Vermeiden bestimmter Situationen führt.

Schauen Sie das Drama in Ihrem Inneren genau an

Menschen mit Angst und Depressionen fühlen sich ihrer Krankheit in der Regel hilflos ausgeliefert. Sie stecken mittendrin in ihrem Elend, das wie ein Gefängnis ist, aus dem es kein Entweichen zu geben scheint. Der erste Schritt, aus der hoffnungslosen Rolle des passiven Opfers herauszukommen, ist eine gründliche *Selbstbeobachtung*. Setzen Sie alle Ihre Sinne ein. Fühlen Sie den Kloß im Hals. Hören Sie den Puls schlagen. Schauen Sie, wie Ihre Hände zittern. Riechen Sie Ihren Schweiß. Schmecken Sie den bitteren Geschmack im Mund. Das ist die Realität des Augenblicks. Das ist der Zustand Ihres Körpers. Das sind Sie. Wahrscheinlich wird Ihnen das nicht gefallen. »Nein, das gehört nicht zu mir, das will ich doch los sein«, werden Sie sagen. Doch die Angst ist nichts Fremdes, kein Defekt und nichts Verkehrtes. Sie werden sie nicht los wie eine Warze, die man herausschneidet. Die Angst produzieren Sie selbst, mehr noch: Sie ist mit Ihnen identisch. Und sie ist – wie wir im ersten Teil dargelegt haben – sinnvoll und notwendig.

Gewöhnen Sie sich an, Ihren Körper zu fühlen, auch wenn es anfangs unangenehm ist

Nehmen Sie sich zweimal täglich fünf bis zehn Minuten Zeit, in Ihren Körper hineinzufühlen, einfach nur wahrzunehmen, was da drin los ist. Wenn es Ihnen schwerfällt, etwas zu fühlen, fangen Sie damit an, Ihren Atem zu spüren oder den Druck der Sitzunterlage. Sehr bald werden Sie erleben, was in Ihrem Körper alles passiert. Die innere Realität ist mindestens genauso reich wie die äußere. Am besten ist es, wenn Sie Ihre Empfindungen – die angenehmen wie die unangenehmen – aufschreiben oder jemandem mitteilen. Beschreiben Sie Ihren inneren Zustand so genau wie irgend möglich und suchen Sie zunächst keine Erklärungen dafür. Führen Sie ein Befindenstagebuch. Allmählich wird Ihr Körper Ihnen vertraut – auch mit seinen unangenehmen Seiten.

Das gleiche können Sie tun, wenn die Angst kommt oder Sie sich deprimiert fühlen. Wo spüren Sie die Angst, wo fühlen Sie sich bedrückt, wo sitzt der Weltschmerz, wie äußert sich Ihre Resignation körperlich? Schreiben Sie es auf. Teilen Sie es jemandem mit. Machen Sie sich mit Ihrer Angst oder Ihrem deprimierten Gefühl vertraut. Studieren Sie sie so gut Sie können, denn sie sind ein wesentlicher Teil Ihrer Persönlichkeit. Sie werden mit ihnen leben müssen. Es wird schwer sein, das zu akzeptieren. Aber Sie werden kaum darum herumkommen, wenn Sie Ihre Identität nicht mit Psychopharmaka (die in Einzelfällen durchaus sinnvoll sind) betäuben wollen.

Was haben Sie davon, wenn Sie zum Experten für Ihre innere Welt werden?

Der größte Vorteil ist, daß Sie wissen, was auf Sie zukommt, wenn die Angst oder die depressiven Gefühle in Ihnen aufsteigen. Sie sind vorbereitet. Sie kennen sie in allen ihren Schattierungen. Das verleiht Ihnen eine gewisse Sicherheit. Sie werden mit Ihren schlechten Gefühlen zunehmend besser umgehen können, wie mit alten Bekannten, die Sie zwar nicht besonders mögen, mit denen Sie aber gelernt haben zurechtzukommen. Damit wächst das Selbstvertrauen, das zusätzlich durch eine vertrauensvolle Beziehung zum Therapeuten sehr gefördert wird. Mit der Zeit und durch die zunehmende Ordnung der Lebensumstände lassen dann auch die körperlichen Mißempfindungen nach.

Beobachten Sie Ihre Gedanken

Wir sagten bereits, daß das Fatale bei Angsterkrankungen und Depressionen das katastrophierende Denken ist. Im ersten Teil haben wir den Gedanken ein eigenes Kapitel gewidmet. Beobachten Sie Ihre Gedanken, vor allem wenn Sie sich schlecht fühlen, schreiben Sie sie auf und teilen Sie sie Ihrem Therapeuten mit. Es ist dringend erforderlich, die Gedanken und Überzeugungen einer kritischen Überprüfung – die Psychologen sagen einer *kognitiven Neubewertung* – zu unterwerfen. Die so wichtige Unterscheidung von wahren und unwahren Geschichten Ihres Denkens können Sie nicht allein vollziehen, weil Ihr Bewußtsein wahrscheinlich gerade in bezug auf die angstbesetzten Lebensbereiche blinde Flecken aufweist.

Ein 29jähriger Student, der sein Betriebswirtschaftsstudium nie mit großem Einsatz betrieben hat, steht nach sechzehn Semestern zum zweiten Mal vor dem Abschlußexamen. Das erste Mal ist er durchgefallen. Jetzt plagt ihn große Angst, wieder nicht zu bestehen. Er ist völlig erschöpft, weil er seit Monaten von früh morgens bis abends paukend an seinem Schreibtisch sitzt. Körperlich quälen ihn Rücken- und Kopfschmerzen, Ohrgeräusche und Schlafstörungen. Oft kann er nicht richtig lernen, weil er immerzu an den Augenblick in der Prüfung denken muß, in dem die Aufgabenbögen ausgeteilt werden und er feststellt, daß er das Falsche gelernt hat.

Therapeut: »Es ist tatsächlich möglich, daß man sich auf eine Prüfung falsch vorbereitet. Was haben Sie unternommen, um sicherzugehen, daß Sie das Richtige lernen?«

Patient: »Ich tausche mich ständig mit anderen Studenten aus. Manchmal erfährt man ja auch was von den Dozenten. Außerdem gibt es ja noch die vielen alten Klausuren, die ich alle durchgearbeitet habe.«

Therapeut: »Ich habe den Eindruck, daß Sie wirklich alles tun, um das Risiko, durchzufallen, diesmal sehr klein zu halten.«

Patient: »Die Durchfallquote beträgt zehn Prozent. Bisher habe ich meine Examen immer beim zweiten Mal geschafft. Aber dieses Mal kann es alles anders sein.«

Therapeut: »Ich glaube, Sie wollen eine hundertprozentige Garantie, daß Sie bestehen.«

Patient nickt lächelnd.

Therapeut: »Aber diese Garantie gibt es nicht.«

Patient: »Ja, das ist ja der Mist.«

Therapeut: »Was ist, wenn Sie durchfallen?«

Patient: »Dann betrinke ich mich erst einmal. Danach rufe ich meine Partnerin, meine Eltern und meine Freunde an und sage es ihnen.«

Therapeut: »Und dann?«

Patient: »Dann geht es mir vielleicht zwei Tage schlecht. Danach ist eigentlich alles wieder wie vorher. Es gibt noch eine weitere Examensmöglichkeit. Oder ich arbeite halt ohne Abschluß. Ich habe schon ein Angebot von der Bank, in der ich immer gejobbt habe. Ich werde etwas weniger verdienen als mit Abschluß.«

Therapeut: »Wenn Sie durchfallen, ist das also keine Katastrophe.«

Patient: »Aber ich muß bestehen.«

Therapeut: »Wer sagt das?«

Patient: »Meine Eltern finanzieren mein Studium. Die werden langsam ungeduldig.«

Therapeut: »Das verstehe ich. Aber was werden Ihre Eltern tun, wenn Sie noch einmal durchfallen?«

Patient: »Nichts. Sie werden enttäuscht sein.«

Therapeut: »Das wäre nicht das erste Mal.«

Patient: »Nein, die sind das schon gewöhnt. Aber ich *muß* jetzt bestehen.«

Therapeut: »Wer sagt das?«

Patient: »Ich will das Studium jetzt endlich zu Ende bringen.«

Therapeut: »Also *Sie* wollen es. Das ist gut. Sie tun ja auch alles, daß es diesmal klappt.«

Patient: »Das weiß ich eben nicht. Manchmal glaube ich, ich tue noch nicht genug.«

Therapeut: »Deshalb sitzen Sie auch bis zur Erschöpfung an Ihrem Schreibtisch. Sie versuchen das Unmögliche, nämlich das Risiko, durchzufallen, auf Null zu reduzieren.«

Patient: »Ich kann doch nicht zum Sport gehen oder meine Freunde treffen, solange ich noch nicht alles kann.«

Therapeut: »Sie werden nie alles wissen können. Sie sind aber bereits so nervös und erschöpft, daß Sie sich nicht mehr auf Ihre Arbeit konzentrieren können. Sie sitzen an Ihrem Schreibtisch, nur um sich nichts vorwerfen zu müssen. Sie fühlen sich dabei müde und elend und bringen nichts mehr zustande. Ihre Gedanken schweifen ab und beschäftigen sich mit Schreckensvisionen von der nächsten Klausur. Ich glaube nicht, daß das so ökonomisch ist.«

Patient: »Ja, ich denke auch, es ist gut, Pausen zu machen, wenn ich erschöpft bin. Es wird mir auch gut tun, wieder etwas Sport zu treiben. Ich bin am Wochenende zu einer Party eingeladen. Soll ich da hingehen?«

Therapeut lächelnd: »Was wollen Sie von mir hören?«

Patient denkt einen Moment nach. Dann bekommt sein Gesicht einen vergnügten Ausdruck: »Ich habe richtig Lust, mal wieder Leute zu sehen.«

Dieser Ausschnitt aus einer Therapiesitzung zeigt, wie sich richtige Gedanken mit unangemessenen Überzeugungen vermischen und schließlich in einem Verhalten resultieren, das den Betroffenen krank machen kann. Durch die Fragen des Therapeuten konnte der Patient in diesem Beispiel seinen Standpunkt wechseln und neue Verhaltensmöglichkeiten entwickeln.

Die Beobachtung der äußeren Wirklichkeit

Das wahre Geheimnis liegt im Sichtbaren,
nicht im Unsichtbaren.
(Oscar Wilde)

Wir haben im ersten Teil gezeigt, daß die klare Sicht auf die äußere Wirklichkeit durch Wahrnehmungsverzerrungen häufig getrübt ist. Deshalb können wir uns der äußeren Realität einer kritischen Situation nur mit Hilfe von außen, am besten durch einen Therapeuten nähern. Die Realität des eigenen Verhaltens und des Verhaltens anderer Personen sowie der Umgebungsbedingungen läßt sich am besten in der konkreten Problemsituation untersuchen. Wenn ein Mensch beim Autofahren Angst entwickelt, könnte sich der Therapeut theoretisch mit ins Auto setzen, um den Patienten exakt zu beobachten und bei der Bewältigung der Situation zu unterstützen. Manche Verhaltenstherapeuten (siehe Anhang) verlassen tatsächlich die Praxis, um sich gemeinsam mit ihren Patienten der kritischen Situation auszusetzen. Dieses Vorgehen ist als *Konfrontationstherapie* bekannt und bei schwersten Angststörungen angezeigt. In der Regel ist es aber nicht notwendig, die Behandlung außerhalb der Praxis durchzuführen. Die Problemsituationen lassen sich relativ leicht in die Praxis hineinholen. Dazu eignen sich Rollenspiele und Techniken des Psychodramas. Vor allem lassen sich die Menschen, die am Problem des Patienten mitbeteiligt sind, in die Praxis einladen. In Paar- und Familiensitzungen treten die kritischen Themen und Gefühle dann deutlicher hervor. Außerdem ist der Therapeut selbst ein sehr reales Gegenüber, auf den der Patient seine Gefühle und Ängste übertragen kann. Das folgende Sitzungsprotokoll wird das Gesagte verdeutlichen:

Ein 25jähriger Installateur ist seit mehr als zwei Jahren wegen Panikattacken arbeitsunfähig. Er wurde schon in einer psychiatrischen Klinik mit Antidepressiva behandelt, wodurch eine vorüberge-

hende Besserung der Symptome eingetreten war. Trotz kontinuier-
licher Einnahme von Medikamenten traten die Beschwerden wieder
auf, als bei seiner Mutter eine Krebserkrankung festgestellt wurde.
Das Gesprächsprotokoll stammt aus der sechsten Therapiestunde.

Therapeut: »Wie fühlen Sie sich heute?«

Patient: »Beschissen. Ich habe schon wieder eine Attacke gehabt.«

Therapeut: »Mir fällt auf, daß Sie mich heute gar nicht ansehen.«

Patient schaut auf.

Therapeut: »Sie sehen ärgerlich aus.«

Patient: »Bin ich auch, weil Sie meine Medikamente abgesetzt
haben.«

Therapeut: »Schauen Sie mich noch einmal an. Was fühlen Sie?«

Patient: »Am liebsten würde ich Sie am Kragen packen und schütteln.«

Therapeut steht auf: »O. K. Stehen Sie bitte auch auf. Wie würden
Sie das machen?«

Patient ballt die Fäuste und hält sie vor seine Brust: »So würde ich
Sie packen.« Sein Gesicht verzieht sich zu einer zornigen Gri-
masse, seine Fäuste beben.

Therapeut: »Sie haben wirklich eine verdammte Wut im Leib. Gibt
es noch etwas anderes, was Sie wütend macht?«

Patient: »Ja, daß keiner meiner Mutter sagt, daß sie Krebs hat. Sie
hat selbst schon die Vermutung gehabt, daß sie Krebs hat. Aber
mein Vater und meine Brüder wollen nicht, daß wir ihr etwas
sagen. Ich halte diese Lügerei nicht mehr aus. Stellen Sie sich vor,
ich wünsche mir schon, daß meine Mutter bald stirbt, damit wir
alle erlöst sind. Dafür, daß ich so denke, bestraft mich der liebe
Gott mit den Panikattacken.«

Therapeut: »Wann hatten Sie Ihre letzte Attacke?«

Patient: »Heute morgen, nachdem ich mit meinem Vater wegen
meiner Mutter gestritten habe.«

Therapeut: »Wo waren Sie, als Sie die Attacke hatten?«

Patient: »In der Küche.«

Therapeut: »Gut. Stellen Sie sich vor, Sie sind jetzt in der Küche.
Wie sieht das da aus?«

Patient überlegt einen Moment lang: »Da ist die Tür, dort das Fenster. Hier steht ein Tisch mit vier Stühlen.«

Therapeut: »Wo waren Sie?«

Patient: »Ich stand am Kühlschrank und wollte mir was zu trinken holen.«

Therapeut: »Wer oder was war da noch?«

Patient: »Mein älterer Bruder. Er saß am Tisch und las Zeitung.«

Therapeut: »Sie stehen hier vor dem Kühlschrank. Da ist die Tür, dort das Fenster. Hinter Ihnen sitzt Ihr Bruder am Tisch und liest. Vor wenigen Minuten haben Sie sich noch mit Ihrem Vater gestritten. Die Lügerei gegenüber Ihrer Mutter ist Ihnen unerträglich. Sie wünschen sich, daß Ihre Mutter bald stirbt. Wie fühlen Sie sich gerade?«

Patient: »Schlecht.«

Therapeut: »Was fühlen Sie exakt. Konzentrieren Sie sich auf Ihren Körper.«

Patient: »Da ist wieder der Schmerz im Rücken.«

Therapeut: »Wo sitzt der Schmerz genau. Zeigen Sie hin.«

Patient deutet auf seine linke Lende: »Da sitzt er.«

Therapeut: »Konzentrieren Sie sich auf den Schmerz. Wie ist er?«

Patient: »Es ist, als wenn mir jemand die Faust dahin drückt.«

Therapeut: »Was fühlen Sie jetzt?«

Patient: »Ich habe Angst, daß ich jetzt hier auch eine Panikattacke bekomme.«

Therapeut: »Stellen Sie sich vor, Sie bekommen jetzt wirklich eine Attacke. Wie sieht das aus?«

Patient: »Erst ist der Schmerz da. Dann weiß ich schon, daß ich wieder eine Attacke bekomme. Dann warte ich geradezu darauf, daß sie endlich kommt, damit ich sie hinter mir habe.«

Therapeut: »Ich habe fast den Eindruck, als wünschten Sie manchmal eine Attacke.«

Patient: »Ja, um mich für meine Gedanken zu bestrafen, zum Beispiel, wenn ich mir den Tod der Mutter wünsche oder daran denke, meine Frau mit anderen Frauen zu betrügen.«

Therapeut: »Wie fühlen Sie sich jetzt?«

Patient: »Ich würde gerne einmal hier bei Ihnen eine Attacke haben, damit Sie sehen, wie das ist.«

Therapeut: »Stellen Sie sich vor, Sie haben jetzt eine.«

Patient: »Erst zuckt es im Kopf. Dann werde ich ganz starr und halte mich schnell irgendwo fest, damit ich nicht umfalle.« Er stellt sich breitbeinig hin und hält sich an der Wand fest.

116

Therapeut: »Was ist, wenn Sie umfallen? Ist Ihnen das schon einmal passiert?«

Patient: »Ja, einmal bei der Arbeit.«

Therapeut: »Was war daran so schlimm? Haben Sie sich verletzt?«

Patient: »Nein, die Kollegen waren sehr besorgt und haben sofort einen Arzt gerufen. Der Arzt konnte nichts feststellen. Am schlimmsten war, daß es mir so peinlich war.«

Therapeut: »Das Schlimmste ist also, daß Sie sich blamieren könnten.«

Patient: »Wenn andere Leute da sind, laufe ich schnell weg, damit keiner sieht, was für eine erbärmliche Figur ich bin.«

Therapeut: »Haben Sie auch die Küche verlassen, damit Ihr Bruder Sie nicht sieht während der Attacke?«

Patient: »Ja, ich habe mich sofort im Klo eingeschlossen und gewartet, bis es vorbei war.«

Therapeut: »Wenn Sie hier eine Attacke hätten, würden Sie sich auch vor mir verstecken?«

Patient: »Ein bißchen peinlich wäre es schon. Aber Sie wissen ja eh alles von mir. Zu Ihnen habe ich volles Vertrauen.«

Therapeut: »Heute sind Sie vor allem sauer auf mich.«

Patient: »Ja, weil Sie mich so hängenlassen ohne Medikamente.«

Therapeut: »Geht es Ihnen ohne Medikamente schlechter?«

Patient: »Nicht wirklich, aber es muß doch etwas geben, damit die Angst endlich weggeht.«

Therapeut: »Ich fürchte, Ihre Angst wird Ihnen vorerst erhalten bleiben. Sie haben schon soviel probiert gegen die Angst. Aber sie ist geblieben. Scheinbar ist sie notwendig. Was würden Sie tun, wenn Sie keine Angst mehr hätten?«

Die Augen des *Patienten* leuchten auf: »Dann würde ich wieder rausgehen, arbeiten, mir ein rotes, amerikanisches, offenes Auto kaufen und durch die Stadt fahren. Ich würde mich wieder zeigen. Hier bin ich. Ich würde wieder Sport treiben. Die Frauen würden wieder nach mir gucken. Ich würde reisen, mit meiner Familie und meinen Freunden.«

Therapeut: »Wie fühlen Sie sich?«

Patient: »Gut.«

Therapeut: »Was macht der Schmerz?«

Patient: »Den spüre ich noch, aber ganz leicht.«

Therapeut: »Sie haben eine ungeheure Lebenssehnsucht. Wenn Sie könnten, würden Sie alle Grenzen sprengen.«

Patient: »Ja, das Leben ist viel zu kurz für das, was ich alles noch vorhabe.«

Therapeut: »Das ist eine Seite von Ihnen. Auf der anderen Seite sind Sie ein Mensch mit Angst, so wie alle Menschen Angst haben. Sie haben mir in der vergangenen Stunde erzählt, daß Sie schon als Kind Angst hatten. Ihr Bruder hat immer die schwierigen Situationen für Sie erledigt. Jetzt sind Sie erwachsen, verheiratet, ein kräftiger Mann, der auf eigenen Beinen stehen will. Aber die Angst ist noch da. Vielleicht würden Sie über alle Stränge schlagen, wenn Sie keine Angst hätten.«

Patient: »Möglich. Früher habe ich die Frauen reihenweise verführt, sogar als ich schon verheiratet war. Aber dann hatte ich immer solche Schuldgefühle. Das kann ich meiner Frau nicht antun. Sie ist doch immer für mich da. Und wenn das meine Eltern wüßten, die wären total enttäuscht von mir.«

Therapeut: »Ich habe den Eindruck, daß Ihre Ängst sehr viel mit Ihrer Familie zusammenhängen. Können Sie Ihre Eltern, Brüder und Ihre Frau einmal mitbringen?«

Patient: »Meine Mutter ist zu schwach, mein Vater und meine Brüder halten nichts von Psychotherapie. Sie sagen: Ein Mann muß alleine mit seinen Problemen fertig werden. Aber meine Frau hat schon gesagt, daß sie gerne mitkommen würde. Sie macht sich ja solche Sorgen um mich.«

Auf der Stufe der *Beobachtung* wird das Symptom in einen erweiterten Zusammenhang gestellt. Durch den Blick auf das Ganze seiner Situation gewinnt der Patient Abstand zu seinen Problemen. Seine bisherige Sichtweise relativiert sich, wenn er sich auch seiner Qualitäten und Stärken bewußt wird. In unserem Beispiel konnte der Therapeut hinter der Angst einen kraftvollen Lebenswillen ausmachen, eine gute Basis für eine erfolgreiche Angstbewältigung. Auch die Angst selbst ließ sich positiv deuten: Sie schützt den Patienten davor, seine familiären Beziehungsstrukturen zu gefährden.

Fazit

Wichtig ist, daß der Therapeut den Patienten immer wieder fragt, wie er sich gerade fühlt. Damit bleibt die Angst oder die depressive Stimmung greifbar und konkret. Über seine körperlichen Empfindungen kann sich der Patient mit dem Therapeuten leicht verständigen. Er hat das beruhigende Gefühl, daß der Therapeut wirklich weiß, was in ihm los ist. Als körperliches Mißempfinden verliert die Angst viel von ihrem Schrecken. Der einfühlsame, aber gelassene Umgang des Therapeuten mit den unangenehmen Körperwahrnehmungen trägt dazu bei, daß der Patient begreift: Angst ist nicht gefährlich. Angst ist völlig normal. Angst darf sein. Das gilt auch für depressive Gefühle.

2. Inventarisierung: Die psychosomatischen Zusammenhänge richtig verstehen

Die Klugheit eines Menschen erkennt man an seinen Fragen
und nicht an seinen Antworten.
(Orientalische Lebensweisheit)

Ängste und Depressionen haben in der Regel nicht eine einzige, alles bestimmende Ursache. Vielmehr sind sie das Ergebnis vieler kumulativ wirkender Faktoren, die wir im ersten Teil dargestellt haben (vgl. Die »guten« Gründe für Angst und Depressionen). Auf der Stufe der Inventarisierung nehmen wir die Ganzheit der Lebenswirklichkeit, in die Angst oder Depressionen eingebettet sind, unter die Lupe. Inventarisierung ist eine gründliche *Bestandsaufnahme* der aktuellen Lebensumstände, der Lebensgeschichte und Zukunftsperspektiven.

Menschen mit Angst und Depressionen fühlen sich oft durcheinander, ihre Gedanken gehen drunter und drüber. Deshalb bedarf die Bestandsaufnahme einer systematischen Methode, um die vielen Informationen zu ordnen. Ein geordneter Überblick über die Lebenssituation und Vergangenheit eines Menschen (oder über die eigene) ist die Voraussetzung, den anderen (oder sich selbst) und dessen (oder die eigenen) seelische Nöte zu verstehen.

Die vier Bereiche der Konfliktverarbeitung

Dem ganzheitlichen Ansatz entsprechend interessiert uns die ganze Lebenswirklichkeit des leidenden Menschen, also sowohl die Bereiche, in denen es Probleme, Konflikte und Beschwerden gibt, als auch die gut funktionierenden Bereiche. Wenn Sie sich ein umfassendes und übersichtliches Bild von Ihrer eigenen aktuellen Lebenssituation oder der eines anderen Menschen machen wollen, bewährt es sich, die vier Bereiche der Lebenswirklichkeit zu betrachten (siehe im ersten Teil, Seite 19 f. und 26 ff.):

Die Betrachtung der Bereiche Körper, Leistung, Kontakt, Phantasie ermöglicht eine rasche Orientierung über folgende Fragen:

- Sind die körperlichen Symptome seelisch mitbedingt? Und haben seelische Symptome eine körperliche Mitursache?
- Wie stark ist die Beeinträchtigung des Alltags? Die Schwere einer Krankheit bemißt sich nicht allein nach dem körperlichen Befund, sondern auch nach dem Ausmaß der persönlichen Betroffenheit (ablesbar in den vier Bereichen).
- In welchem Bereich spielen sich Konflikte ab?
- In welchem Bereich ist zuviel Energie und Zeit gebunden? Da-

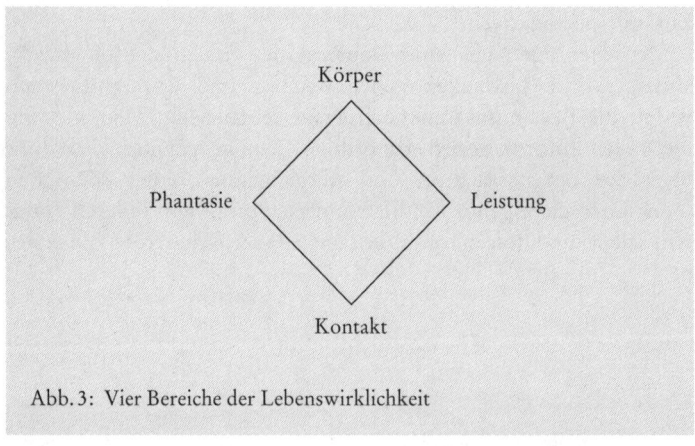

Abb. 3: Vier Bereiche der Lebenswirklichkeit

durch können Konflikte in diesem Bereich begünstigt werden, wenn zum Beispiel jemand Tag und Nacht ununterbrochen mit seinem Partner zusammen ist.

- Welche Bereiche werden vernachlässigt? Ein Defizit kann Folge mangelnder Erfahrung in diesem Bereich sein oder auch Ausdruck für Ängste und Konflikte, die vermieden werden sollen.
- Wo bestehen entwicklungsfähige Potentiale in den defizitären Bereichen?
- Ist die Überbetonung eines Bereiches eine Flucht vor den Problemen in den anderen Bereichen? Wenn ja, was wird dadurch kompensiert?

Ein wesentliches Ziel der Positiven Psychotherapie ist eine gleichmäßigere *Energieverteilung* auf die vier Bereiche Körper, Leistung, Kontakt und Phantasie (vgl. im ersten Teil Seite 26-28). Voraussetzung für unser körperliches und seelisches Gleichgewicht ist, daß

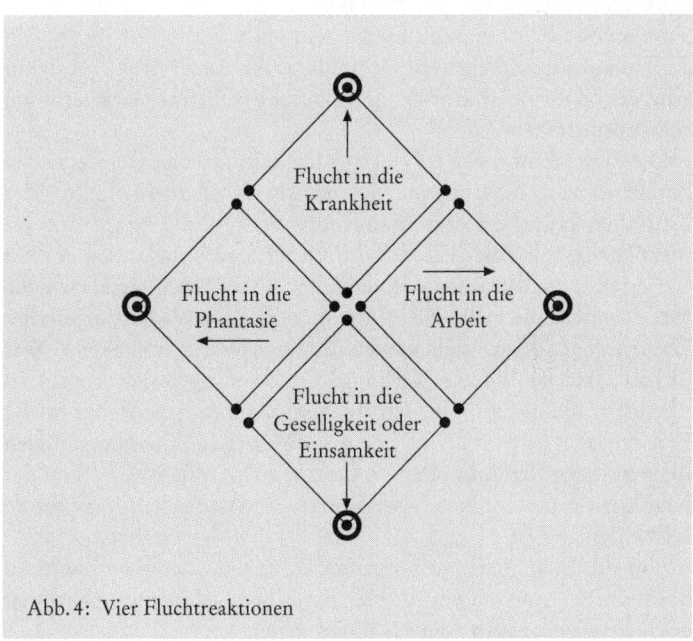

Abb. 4: Vier Fluchtreaktionen

wir Einseitigkeiten in der Energieverteilung erkennen und angehen. Schauen wir uns die Anwendung der vier Bereiche an einem Beispiel aus der Praxis an:

Der bereits erwähnte Installateur hatte mit Auftreten seiner Panikattacken seinen Sport aufgegeben. Die intimen Kontakte zu seiner Frau reduzierten sich auf wenige Male im Jahr, so groß war seine Angst, beim Verkehr eine Attacke zu bekommen. Seinen Beruf hatte er aufgegeben aus Furcht, wieder umzufallen und sich vor den Arbeitskollegen zu blamieren. Aus dem gleichen Grund zog er sich auch von seinen Freunden zurück. Alle Zukunftspläne hatten ihre Bedeutung verloren. Seine Gedanken kreisten fast ausschließlich um die nächste Attacke, auf die er gebannt wartete.

Nur schwere körperliche Erkrankungen haben ähnlich massive Auswirkungen. Wie sehr der junge Mann leidet, der ja äußerlich einen kräftigen und gesunden Eindruck macht, ist nur an den Einschränkungen in den vier Bereichen abzulesen. Auf diese Weise können folgenschwere Fehldiagnosen vermieden werden. Es wäre fatal, diesen jungen Mann als Hypochonder oder arbeitsscheuen Simulanten abzustempeln. Damit würden wir ihn noch weiter in die Isolation und Verzweiflung treiben. An dieser Stelle sei daran erinnert, daß Angstkranke und Depressive eine stark erhöhte Selbstmordrate haben.

Die Betrachtung der Lebenswirklichkeit in ihren vier zentralen Bereichen zeigt uns, welche Bereiche in welchem Maße von der Krankheit betroffen sind. Wenn zum Beispiel die Angst unseres Installateurs zur Folge hat, daß die intime Beziehung zu seiner Frau fast erlischt und Probleme in der Ehe auftauchen, müssen wir die Frage stellen, ob nicht die Angst möglicherweise die Folge einer Eheproblematik ist. Vielleicht ist die Kausalität ja umgekehrt. Was ist hier Ursache und was Wirkung? Oder bedingen sich Angst und Eheprobleme gegenseitig, schaukeln sich quasi gegenseitig hoch? In jedem Fall ist es sinnvoll, in dem von der Krankheit betroffenen Bereich einen Konflikt oder ein Defizit zu vermuten. Der Sinn der Krankheit wäre es dann, diesen Bereich und damit den Konflikt zu vermeiden.

Um die Frage nach verborgenen Defiziten oder Konflikten zu beantworten, müssen wir die vier Bereiche der Lebenswirklichkeit noch einer genaueren Analyse unterziehen.

Fragen zum Bereich Körper:

- Unter welchen körperlichen Beschwerden leiden Sie?
- Sind diese Beschwerden vom Arzt abgeklärt worden?
- Wurde eine Krankheit diagnostiziert, die Angst und Depressionen verursachen kann (siehe Seite 54-57)?
- Hat sich Ihr Befinden verändert
  in der Pubertät?
  nach der ersten Periodenblutung?
  während oder nach einer Schwangerschaft?
  nach einer Geburt?
  in oder nach den Wechseljahren?
- Sind Angsterkrankungen und Depressionen bei anderen Familienangehörigen bekannt?
- Haben Sie eine körperliche Behinderung?
- Wieviel und was rauchen oder trinken Sie? Trinken Sie große Mengen Kaffee oder Schwarztee? Essen Sie viel Zucker?
- Nehmen Sie Drogen oder Beruhigungsmittel?
- Achten Sie auf eine ausgewogene Ernährung?
- Nehmen Sie sich Zeit für Mahlzeiten, für Sport und Ruhepausen?
- Leiden Sie unter folgenden Funktionsstörungen
  Unregelmäßigkeiten oder Beschwerden während, vor oder nach der Periode?
  Kreislaufstörungen (kalte Hände / Füße, schwarz vor Augen, Schwindelgefühl)?
  Herzrhythmusstörungen, starkes Herzklopfen?
  Verspannungen und Bewegungseinschränkungen der Halswirbelsäule?
  Verdauungsbeschwerden (Blähungen, Verstopfung, Durchfall)?
- Leiden Sie unter Schlafstörungen, Unruhe, Konzentrationsstörungen oder ständiger Müdigkeit?
- Wie reagiert Ihr Körper auf Ärger, Streß, Zeitnot, Konflikte, Sorgen, Kritik, große Freude?
- Mögen Sie Ihren Körper?
- Brauchen Sie viel Zärtlichkeit oder Sexualität?
- Harmonieren Sie in Ihrem Zärtlichkeitsbedürfnis mit Ihrem Partner?
- Welche Bedeutung hatte und hat Zärtlichkeit und Sexualität in der Beziehung Ihrer Eltern untereinander und zu Ihnen?

Fragen zum Bereich Leistung
- Sind sie mit Ihrem Beruf zufrieden?
- Bietet Ihr Beruf genügend Sicherheit, Einkommen und Anerkennung?
- Wie viele Stunden arbeiten Sie täglich/wöchentlich?
- Fühlen Sie sich überfordert? Befürchten Sie zu versagen?
- Kommen Sie mit Ihren Kollegen und Ihren Vorgesetzten zurecht?
- Wie reagieren Sie, wenn Ihre Leistung kritisiert wird?
- Fühlen Sie sich auch wohl, wenn Sie nichts zu tun haben?
- Welche Tätigkeit würden Sie gerne ausüben?
- Was mußten Sie früher tun, um von Ihren Eltern anerkannt und geliebt zu werden?

Fragen zum Bereich Kontakt
- Sind Sie mit Ihrer Partnerschaft zufrieden? Wenn nicht, warum?
- Wie verhält sich Ihr Partner, wenn Sie krank, voll Angst oder depressiv sind? Werden Sie bemuttert? Oder glauben Sie, daß Ihr Partner kein Verständnis für Ihre Probleme hat?
- Wer von Ihnen ist kontaktfreudiger, Sie oder Ihr Partner?
- Wieviel Zeit verbringen Sie mit Ihrem Partner, Ihrer Familie, mit Freunden?
- Wie ist das Verhältnis zu Ihren Eltern?
- Gibt es einen Menschen, mit dem Sie über alles sprechen können, auch über die intimsten Probleme?
- Hatten Sie als Kind viele Kontakte, oder waren Sie isoliert?
- Fühlen Sie sich durch Ihre sozialen Bindungen und Verpflichtungen überfordert?
- Nehmen Sie viel Rücksicht darauf, was die anderen Menschen über Sie denken oder sagen könnten?
- Fehlen Ihnen Kontakte und emotionale Wärme?
- Bei welchen Menschen fällt es Ihnen schwer, Kontakt aufzunehmen?
- Welche Kriterien muß ein Mensch erfüllen, damit Sie Kontakt zu ihm haben wollen?

Fragen zum Bereich Phantasie und Zukunft

- Womit beschäftigen Sie sich in Ihren Gedanken (zum Beispiel mit Ihrem Körper, mit erotischen Phantasien, mit Ihrem Beruf, mit Ihrer Partnerschaft, Ihrer Familie, der Vergangenheit, der Zukunft)?
- Denken Sie an Sterben und Tod?
- Was, glauben Sie, kommt nach dem Tod auf Sie zu?
- Fragen Sie sich oft, welchen Sinn Ihr Leben hat?
- Nach welcher Weltanschauung oder Religion haben Ihre Eltern gelebt?
- Wofür lohnt es sich zu leben und gesund zu werden?
- Was würden sie gerne in den nächsten fünf Jahren verwirklichen oder verändern? Was muß sich am dringendsten verändern?
- Was würden Sie tun, wenn Sie keine Ängste und Depressionen mehr hätten?
- Was ist Ihr sehnlichster Wunsch (selbst wenn er unerfüllbar ist)?

Das inhaltliche Vorgehen mit Hilfe der Aktualfähigkeiten

Viele Worte zu machen, um wenige Gedanken mitzuteilen,
ist überall das untrügliche Zeichen von Mittelmäßigkeit.
(Arthur Schopenhauer)

Wir wissen jetzt, welche Lebensbereiche durch die Krankheit, äußere Belastungsmomente, Beziehungskonflikte oder innere Konflikte betroffen sind. Als nächstes wollen wir verstehen, *wie es zum Konflikt kommt.* Konflikte entstehen da, wo wir in unserem Leben mit einer Realität konfrontiert werden, die dem widerspricht, was wir erwarten und für richtig halten. Wir erachten als richtig, was wir in unserer Erziehung und unserem bisherigen Leben gelernt haben. Das, was wir gelernt haben, läßt sich als Fähigkeiten ausdrücken.

Wenn ein anderer Mensch Fähigkeiten erlernt hat, die sich von unseren in ihrer Art und Ausprägung sehr unterscheiden, werden wir seine Auffassungen und sein Verhalten als falsch oder zu-

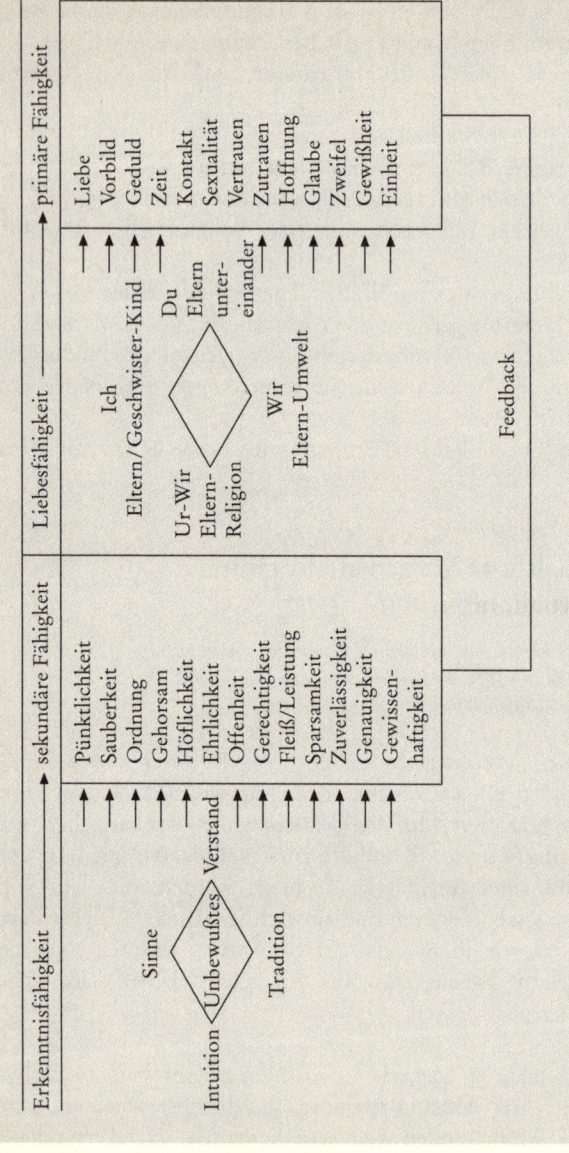

Abb. 5: Das Differenzierungsanalytische Inventar (DAI)
Aktualfähigkeiten – Grundfähigkeiten

mindest fremd erleben. Dem anderen wird es mit uns ebenso ergehen.

Die primären und sekundären Fähigkeiten erlauben es uns, zwischenmenschliche Konflikte *inhaltlich* zu beschreiben. Denn diese Fähigkeiten bringt man als individuelle Ausstattung in jede Beziehung mit. Sie unterscheiden sich um so stärker, je unterschiedlicher die Herkunftsfamilien sind. Jede Familie hat ihre eigenen Konzepte und Wertmaßstäbe. Im Grunde ihre eigene Kultur. Konflikte und Mißverständnisse spielen sich daher oft auf der Ebene dieser primären und sekundären Fähigkeiten ab. Unter Pünktlichkeit und Ordnung beispielsweise verstehen zwei Menschen durchaus etwas ganz Verschiedenes. Daraus entwickeln sich nicht selten an sich banale, jedoch ständig wiederkehrende Ärgernisse, die wir *Mikrotraumen* nennen. In ihrer Häufigkeit und Hartnäckigkeit können sich die Mikrotraumen summieren und potenzieren, heftige Emotionen freisetzen, Beziehungen zerstören, Angst, Depression und psychosomatische Krankheiten provozieren.

Wieder soll uns der Installateur als Beispiel dienen. Von seinen Eltern erfuhr er zwar viel Körperkontakt und Zärtlichkeit, aber Offenheit und Ehrlichkeit waren in seiner Familie, die viel Wert auf Höflichkeit und Wahrung der äußeren Harmonie legte, zu kurz gekommen. Seine Frau dagegen stammte aus einem Elternhaus, in dem viel Wert auf Fleiß, Leistung und Sparsamkeit gelegt wurde. Ihre Eltern hielten Zärtlichkeiten für Zeitverschwendung. Das Thema Sexualität war ein Tabu. Infolgedessen fiel es der Frau schwer, das große Bedürfnis des Mannes nach Zärtlichkeit und Intimität im gleichen Maße zu erwidern. Außerdem war sie oft müde, weil sie sehr engagiert als Chefsekretärin arbeitete und häufig Überstunden machte. Sie brachte nicht viel Verständnis für die Arbeitslosigkeit ihres Mannes auf und warf ihm statt dessen vor, daß er nicht genug zum gemeinsamen Einkommen beitrage. Diese Vorwürfe und die Zurückweisung seiner Zärtlichkeitswünsche empfand er als schwere Kränkung, die sein angeschlagenes Selbstwertgefühl zusätzlich belasteten. So suchte er die Erfüllung seiner sexuellen Bedürfnisse und Selbstbestätigung bei einer anderen Frau, mit der er monatelang ein geheimes Verhältnis hatte. Weil aber in seiner katholisch-konservativen Familie die Untreue als schwere

Sünde galt, litt er unter heftigen Schuldgefühlen. So empfand er seine Panikattacken unter anderem als göttliche Strafe für sein Fremdgehen. Hinzu kam die ständige Angst, die außereheliche Beziehung könnte auffliegen. »Meine Frau würde mich augenblicklich vor die Tür setzen, und bei meinen Eltern könnte ich mich dann auch nicht mehr blicken lassen.«

Dieses Beispiel zeigt, wie sehr die Konfliktentstehung durch die elterlichen *Vorbilder* und die von ihnen vermittelten Konzepte geprägt sind. In den seltensten Fällen beruhen Konflikte auf böswilligem Vorsatz. Es argumentiert und handelt eben jeder so gut, wie er es gelernt hat.

Die vier Vorbilddimensionen

Inwendig lernt kein Mensch sein Innerstes erkennen; denn er mißt nach eigenem Maß, sich bald zu klein und oft zu groß. Der Mensch erkennt sich nur im Menschen. Nur das Leben lehre jedem, wie er sei.
(Johann Wolfgang von Goethe)

Neben den angeborenen Veranlagungen wird unser Leben entscheidend durch das Verhalten geprägt, das uns die Eltern entgegenbrachten. Wenn Eltern ein ausreichendes Maß an Zeit, Geduld und Achtung der kleinen Persönlichkeit ihrer Kinder entgegenbringen, kann sich ein gesundes *Urvertrauen* in die Menschen und die Welt entwickeln. Wenn es jedoch an Zeit, Geduld und Achtung mangelt, können Störungen des Selbst- und Weltvertrauens resultieren. Ein Kind orientiert sich in jeder Hinsicht am elterlichen Vorbild: Wenn die Ehe der Eltern von Liebe, Zärtlichkeit, Verständnis und Respekt geprägt ist, wird das Kind ein funktionierendes Leitbild für seine eigenen Beziehungen haben. Wenn die Eltern weltoffen, kontaktfreudig und gastfreundlich sind, wird es dem Kind ebenfalls leichtfallen, auf Menschen zuzugehen und Kontakte zu pflegen. Wenn die Eltern in überzeugender Weise an Gott glauben, wird ihr Kind den Weg zu Gott und zu einem Gefühl von sinnvollem Leben eher finden als ein Kind materialistisch denkender Eltern.

Das Elternvorbild kann für ein Kind jedoch auch so unbefriedigend, abstoßend, bedrohlich, mißbräuchlich oder unehrlich sein, daß es auf Gegenkurs geht und ein Leben lang die elterlichen Konzepte bekämpft. Wir unterscheiden vier Dimensionen des elterlichen Vorbilds (Abb. 6):

Fragen zu den vier Vorbilddimensionen:
Ich: • Wie ist Ihre Beziehung zu Ihren Eltern?
     • Sind Ihre Eltern Vorbild für Sie? Wenn ja, in welcher Hinsicht? Wenn nein, warum nicht?
     • Waren Ihre Eltern Vorbild in Ihrer Kindheit?
     • Beschreiben Sie, wie Sie Ihre Eltern in Ihrer Kindheit erlebt haben.
     • Hatten Ihre Eltern in Ihrer Kindheit genug Zeit für Sie? Wenn nein, warum?
     • Hatten Sie Geduld mit Ihren Eltern? Wenn nein, warum?
     • Haben Sie das Gefühl, daß Sie bei Ihren Eltern erwünscht waren?
     • Wie hätten Sie sich nach dem Wunschbild Ihrer Eltern entwickeln müssen?
     • Wie war das Verhältnis zu Ihren Geschwistern?

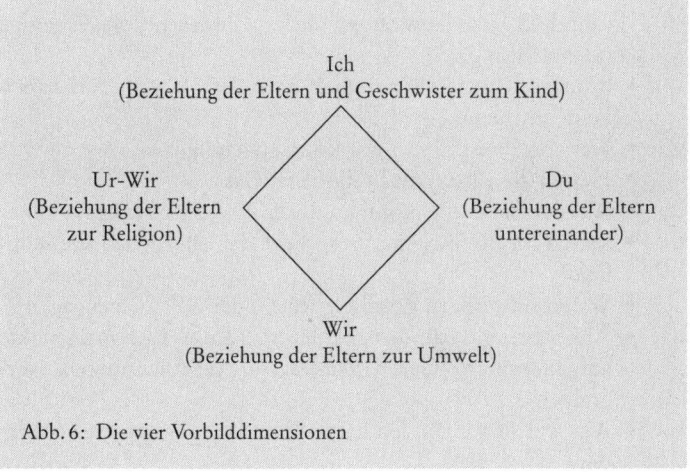

Abb. 6: Die vier Vorbilddimensionen

- Welche Rolle oder Stellung hatten Sie in der Familie?
- Wer war das Lieblingskind der Mutter? Wer das des Vaters?
- Bei welchen Menschen haben Sie sich als Kind am wohlsten gefühlt? Und was haben Sie an ihnen geliebt oder bewundert?
- Was empfanden Sie als Kind als ungerecht?
- Worauf wurde in Ihrer Familie Wert gelegt (Ordnung, Pünktlichkeit, Sauberkeit, Fleiß, Leistung, Zuverlässigkeit, Ehrlichkeit, Höflichkeit, Rücksichtnahme, Sparsamkeit, Treue, Liebe, Kontakt, Zärtlichkeit, Geduld, Vertrauen, Hoffnung, Ästhetik, Vernunft)?
- Was kam zu kurz?
- Welche Besonderheiten hat Ihr Leben? Was unterscheidet Sie von anderen Menschen?
- Welche Ereignisse haben Ihr Leben entscheidend beeinflußt?

Du:
- Wie war oder wie ist die Ehe Ihrer Eltern?
- Wer von Ihren Eltern hatte oder hat am meisten zu sagen?
- War die Ehe der Eltern eine Vernunftsehe oder eine Liebesehe?
- Hielten Ihre Eltern gegenüber den Kindern zusammen?
- Wie trugen Ihre Eltern Meinungsverschiedenheiten aus (durch Streit, Gewalt, sachliche Gespräche, gegenseitige Nichtachtung)?
- Wurden Konflikte überspielt nach dem Motto: Wir haben keine Probleme?

Wir:
- Wer von Ihren Eltern war kontaktfreudiger?
- Hatten die Eltern oft Freunde zu Gast?
- Wurden Sie in die Kontakte Ihrer Eltern einbezogen?
- Waren Sie Repräsentationsobjekt der elterlichen Geselligkeit?
- Waren Ihre Eltern gesellschaftlich oder politisch engagiert?
- Aus welchen Gründen wurden von Ihren Eltern Kontakte aufgenommen (Geschäftsinteresse, Verpflichtungen, Vergnügen)?
- Aus welchen Gründen haben Ihre Eltern Kontakte vermieden?

Ur-Wir: • Wer von Ihren Eltern hatte mehr Interesse an religiösen oder weltanschaulichen Fragen?
• Welche Religion oder Philosophie vertraten Ihre Eltern?
• Waren sich Ihre Eltern in weltanschaulichen Fragen einig?
• Sprachen Ihre Eltern mit Ihnen über das Leben nach dem Tod, den Sinn des Seins, das Wesen Gottes oder über moralische Themen?
• Was war das Lebensziel Ihrer Eltern? Was ist Ihr eigenes Lebensziel?
• Waren Ihre Eltern oder sind sie optimistisch oder pessimistisch?

Der junge Installateur wurde von seinen Eltern mit Zeit, Geduld und Körperkontakt verwöhnt. Dafür erwarteten die Eltern ein braves und gehorsames Kind. Die Eltern trugen Konflikte nie offen aus. Nach dem Motto: »Bei uns ist alles in Ordnung!« machte jeder Elternteil seine Probleme mit sich selbst aus. Der Patient übernahm das Konzept der übertriebenen Höflichkeit und Unehrlichkeit von seinen Eltern. Er spielte die Rolle des lieben Sohnes und verheimlichte alles, was den Eltern nicht gefallen könnte. In der Schule fälschte er sogar die Zeugnisse aus Angst, den Eltern Sorgen zu machen. Er legte sich eine zweite Identität zu, die Psychologen nennen das ein *falsches Selbst*. Er gab sich einen anderen Namen, weil er sich für seinen eigenen schämte. Samstags ging er in ein verrufenes Nachtlokal und verführte reihenweise die Mädchen. Sonntags ging er mit seinen Eltern in die Kirche.

Auch in seiner Ehe lebt er ein Doppelleben: Einerseits war er der brave und liebevolle Ehemann, andererseits unterhielt er lange Zeit außereheliche Verhältnisse. »Wenn ich mit meiner Frau schlafe, denke ich oft an andere Frauen, die nicht so prüde sind wie meine Frau. Danach habe ich ein schlechtes Gewissen. Meine Frau tut doch alles für mich.«

Er kennt viele Leute, »vor allem aus der Nachtszene«, aber, so gesteht er, »einen wirklichen Freund, mit dem ich über alles, auch über meine Ängste, sprechen kann, habe ich nicht«. Die gemeinsamen Kontakte mit seiner Frau beschränken sich auf die Verwandtschaft. »Diese Einladungen bei den Verwandten werden für mich immer mehr zur Qual, weil keiner von denen wissen darf, daß ich Panikattacken habe und arbeitslos bin.«

Die Eltern sind strenge Katholiken. Sie legen großen Wert auf religiöse Äußerlichkeiten, das Tischgebet, den sonntäglichen Kirchgang und die katholischen Feiertage. »Sex vor oder außerhalb der Ehe ist eine große Sünde. (…) Als Kind haben meine Eltern mit mir gebetet. Aber die Gebete kamen mir oft wie leere Formeln vor, die ich nicht verstand. Gott war für mich immer vor allem derjenige, der alles sieht und mich bestraft, wenn ich was ausgefressen habe. (…) Für meine Eltern war das Wichtigste, daß wir vor anderen Leuten als anständige Familie dastehen.«

Ereignisse, die unser Leben prägen: life-events

Diejenigen Berge, über die man im Leben am schwersten hinwegkommt,
häufen sich immer aus Sandkörnchen auf.
(Friedrich Hebbel)

Der Beginn sowie die Verschlimmerung oder Besserung einer Angsterkrankung oder Depression stehen nicht selten im zeitlichen Zusammenhang mit lebensgeschichtlichen Daten. Einschneidende Ereignisse in unserem Leben heißen in der Sprache der Psychotherapeuten *life-events*. Die life-events können Ursache, Auslöser, Begleitumstand, aber auch Folge einer Krankheit sein. In jedem Falle verweisen die life-events auf Themen, die für den Patienten von zentraler Bedeutung und möglicherweise noch kritisch und unbewältigt sind.

Folgende Fragen erhellen die Zusammenhänge:
• Wann traten Ängste oder Depressionen erstmals auf?
• Traten sie im zeitlichen Zusammenhang mit folgenden Begleitumständen auf?
    Pubertät
    Schwangerschaft, Geburt
    Wechseljahre
    Einschulung

Verlassen des Elternhauses
Schule, Ausbildung, Studium
Einstieg ins Berufsleben, Berufswechsel
Konkurs, Verschuldung
Arbeitslosigkeit, Ruhestand
Partnerschaft, Zusammenziehen
Enttäuschung, Kränkung, Niederlage, Trennung
Heirat, Kinder
Verlust nahestehender Menschen
Hausbau, Umzüge
Schwere Krankheit, eigene oder von nahen Anhörigen

- Was ist in den letzten zehn Jahren auf Sie zugekommen? Nennen Sie mindestens zehn Punkte.
- Was haben Sie aus Ihrer Krankheit bisher gelernt?

Die erste Panikattacke hatte der Installateur an seinem Arbeitsplatz, den er erst vor kurzem angetreten hatte. Die Eltern erwarteten jetzt von ihm, daß er heiraten und eine eigene Familie in einer eigenen Wohnung gründen sollte. Den Eltern zuliebe war er bereits mit seiner jetzigen Frau verlobt, hatte aber noch andere Freundinnen, die von seiner Verlobung nichts wußten. Immer wieder kam es zu »gefährlichen« Situationen, weil die Freundinnen bei ihm anriefen und sein Spiel aufzufliegen drohte. Am Arbeitsplatz und in der Beziehung zu seiner Verlobten wurde von ihm eine Verantwortung erwartet, der er sich nicht weiter entziehen konnte. Durch die Panikattacken fühlte er sich so schwach, daß er schließlich heiratete, »weil meine Frau mir ein Gefühl von Sicherheit gab und ich meine Eltern nicht enttäuschen durfte«.

3. Ermutigung: Motivation zur Veränderung des Verhaltens

Wer zur Quelle will, muß gegen den Strom schwimmen.
(Japanische Lebensweisheit)

Sie haben mittlerweile über das Wesen von Ängsten und Depressionen viel gehört, über Entstehungsbedingungen, Ursachen und Sinn. Das *Verstehen* der eigenen Ängste und Depressionen aus dem lebensgeschichtlichen Zusammenhang ist sehr entlastend, weil man sich dann nicht mehr so verrückt vorkommt. Wer anfängt, seine Angst zu verstehen, kann sie leichter als Teil seiner selbst akzeptieren. Jedoch die Symptome zu begreifen bringt sie leider nicht zum Verschwinden und befreit noch lange nicht aus dem eigenen Gefängnis. Es gibt Patienten, die nach jahrelanger Psychoanalyse zwar zu Experten für ihre persönliche seelische Lebensgeschichte geworden sind, denen es aber deshalb noch keineswegs besser geht. Der Ängste und Depressionen Herr zu werden bedeutet, sich den angstvollen Lebenssituationen kompromißlos zu stellen. Die Konfrontation mit den eigenen Ängsten ist immer ein hartes Training, das Willensstärke und Ausdauer erfordert. Das Vertrauen in die Zuversicht des Therapeuten trägt entscheidend dazu bei, diese schwierigste Phase der Angst- und Depressionsbehandlung durchzustehen.

Wenn Sie sich entschlossen haben, Ihr Problem anzupacken, stehen Ihnen und Ihrem Therapeuten eine Reihe hilfreicher Strategien und Techniken zur Verfügung. Wir wollen Ihnen einige davon vorstellen, die sich in unserer Arbeit bewährt haben.

Denken Sie Ihre Angst zu Ende

Seien Sie auf das Schlimmste gefaßt, aber seien Sie nicht enttäuscht, wenn es besser kommt.

Wenn Sie Angst haben umzufallen, wie der Installateur in unserem Fallbeispiel, dann fragen Sie sich: Was ist, wenn ich wirklich umfalle? Gab es schon eine Situation, in der das passiert ist? Der Installateur war einmal vor den Augen seiner Arbeitskollegen zusammengebrochen. Was war daran so schlimm? Hatte er sich verletzt? Nein, er hatte sich noch nie infolge seiner Panikattacken und Schwindelgefühle verletzt. Was ist das denkbar Schlimmste, was Ihnen passieren kann? Für den Installateur war der schlimmste Gedanke, sich zu blamieren, vor aller Augen als Schwächling dazustehen. Aber bei genauerem Nachfragen stellte sich heraus, daß seine Angst weiter ging. Insgeheim fürchtete er zu sterben. Der Gedanke an den eigenen Tod steht ganz häufig hinter Angsterkrankungen, und das Schlimmste daran ist: Die Furcht vor dem Tod ist vollkommen berechtigt. Wir alle müssen tatsächlich irgendwann sterben. Unser Leben kann jeden Augenblick zu Ende sein.

Gehen wir noch einen Schritt weiter: Was ist, wenn Sie tot sind? Was kommt nach dem Tod auf Sie zu? Wird das ein angenehmer oder unangenehmer Zustand sein? Für viele Menschen ist der Gedanke an den Tod unerträglich. Auch der Installateur war empört, daß der Therapeut ihn fragte, wie er sich das Leben nach dem Tod vorstelle. Widerstrebend beschrieb er seine Vorstellung, in der Hölle oder im Fegefeuer zu landen und mit unvorstellbaren Qualen für seine Sünden bestraft zu werden. Andere Patienten haben die Vorstellung, lebendig begraben zu werden oder in der kalten Erde zu frieren oder in ein unendliches dunkles Loch zu fallen. Es gibt aber auch Menschen, die sich den Tod als wunderbaren, leichten und friedvollen Zustand vorstellen. Wieder andere erwarten, ihren verstorbenen Angehörigen zu begegnen. Für viele hat nicht der Tod den Schrecken, wohl aber der Prozeß des Sterbens, den sie sich in der Einsamkeit einer unmenschlichen Intensivstation oder in der völligen Abhängigkeit in einem Pflegeheim vorstellen. Der im Beispiel genannte Installateur fand vor allem den Gedanken unerträglich, »zu früh zu sterben«, bevor er all die wunderbaren Dinge erlebt hatte, die er sich vom Leben noch erhoffte. Hierdurch wurde seine Aufmerksamkeit wieder auf das Leben und seine vielen Ziele und Wünsche gelenkt. Plötzlich erkannte er, wie sein Leben infolge seiner Angst praktisch schon abgestorben war. Zornig sprang er aus seinem Sessel auf und rief aus: »Ich will leben, ich will arbeiten, ich will meine Frau lieben, Kinder haben, mit meinen Freunden und meiner Familie feiern und reisen.«

Legen Sie Ziele fest

Es ist ein schlechter Plan, der keine Änderung erlaubt.
(Publilius Syrus)

Schauen Sie sich die vier Bereiche Körper, Leistung, Kontakt und Phantasie/Zukunft an.
- In welchem Bereich muß sich am dringendsten etwas ändern?
- Was spricht gegen die Veränderung? Gibt es reale Gefahren oder Risiken?
- Überprüfen Sie Ihre Motivation. Warum ist es so wichtig, daß Sie gerade das verändern?
- Können Sie sich vorstellen, wie es ist, wenn Sie dieses Ziel erreicht haben? Setzen Sie alle Ihre Sinne ein, wenn Sie sich die Zielsituation vorstellen.

Der Installateur sah sich in einem offenen, roten Wagen die Hauptstraße seines Heimatortes auf und ab fahren. Er stellte sich vor, wie die schönen Frauen nach ihm schauten. Er fühlte den Fahrtwind um seinen Kopf streichen. Er hörte den PS-starken Motor schnurren und den Sound der Stereoanlage. Sein Gesicht nahm einen erhabenen und zufriedenen Ausdruck an: »Jetzt bin ich wieder da. Ich brauche mich nicht mehr zu verstecken. Alle sollen mich sehen.«

Sie stecken in einem Motivationskonflikt

Kein Ton ist so leise, daß er nicht vernommen würde,
und kein Ton so heimlich, daß er nicht offenbar würde.
(Konfuzius)

Was Sie motiviert, ist die Hoffnung auf Erfolg. Der Erfolg ist um
so reizvoller, je schwieriger die Aufgabe ist. Aber je schwieriger die
Aufgabe ist, desto größer ist Ihre Angst vor einem Mißerfolg.
Da zuviel Angst auf Ihre Motivation lähmend wirkt, ist es wichtig, daß Sie Ihr Ziel nicht zu hoch stecken. Legen Sie realistische
Teilziele fest. Machen Sie sich einen Übersichtsplan, in dem Sie
festlegen, welche Aktivitäten Priorität haben und was im Augenblick nicht so dringlich ist. In einem detaillierten Tagesplan tragen
Sie ein, was Sie wann erledigen wollen. Planung bringt Ordnung in
Ihr emotionales und gedankliches Durcheinander und wirkt so
angstmindernd. Sie haben auf diese Weise immer eine Orientierung, was Sie sinnvollerweise machen könnten oder sollten. Später
können Sie dann immer noch entscheiden, ob Sie es tun oder
nicht.

Wann soll ich anfangen?

Verbringe nicht die Zeit mit der Suche nach einem Hindernis,
vielleicht ist keines da.
(Franz Kafka)

Gehören Sie auch zu den Menschen, die am liebsten alle unge-
wohnten Anstrengungen auf den nächsten Tag verschieben? Diese
Strategie haben Sie wahrscheinlich bisher auch auf die Bewältigung
Ihrer Ängste oder Depressionen angewandt in der Hoffnung, die
Dinge würden sich von selbst bessern. Natürlich hat sich nichts ge-
bessert. Haben Sie schon einmal überlegt, wieviel Zeit und Energie
Sie schon durch Unglücklichsein verloren haben?
   »*Der beste Augenblick, sich Hilfe zu suchen und die Probleme
anzupacken, ist jetzt!*« Machen Sie sich aber deshalb bitte keinen
Streß. Es ist Ihr gutes Recht, so weiterzumachen wie bisher. Es
gibt Leute, die sind hundert Jahre alt geworden und waren immer
unglücklich. Der Welt ist es gleich, ob Sie unglücklich oder erfüllt
leben. Sie nimmt so oder so ihren Lauf.

Die gute und die schlechte Nachricht

Reiberei erzeugt Wärme.
(Lebensweisheit)

Die schlechte zuerst: Wenn Sie in Ihrem Leben wirklich etwas verändern wollen, werden Sie tüchtig ins Schwitzen kommen und sich möglicherweise vor Angst in die Hosen machen. Doch genau dann sind Sie goldrichtig. Machen Sie sich keine Illusion. Wenn Sie etwas verändern wollen, wird es total unbequem werden. Sie bekommen nichts geschenkt. Auch der Therapeut kann und will Ihnen die Arbeit nicht abnehmen. Sie werden Ihr Hemd und Ihre Hosen oft wechseln müssen, bevor Sie am Ziel sind.

Die gute Nachricht ist: Ihre Angst ist definitiv ungefährlich, auch wenn Ihnen Ihre unangenehmen Körperempfindungen das Gegenteil vorgaukeln. Sie sind viel mutiger, als Sie meinen. Denken Sie daran, wie oft Sie Ihre Angst schon überwunden und überlebt haben. Und denken Sie an das wunderbare Gefühl, wenn Sie eine angstvolle Situation überstanden haben. Die Konfrontation mit den eigenen Ängsten ist sehr aufregend, deshalb aber nicht ungesund. Gesundheit setzt sogar die Bereitschaft voraus, sich den eigenen Ängsten zu stellen. Suchen Sie gezielt Situationen auf, die Ihnen Angst bereiten. Erleben Sie, wie Ihr Körper dabei in Erregung gerät und sich danach wieder beruhigt. Sie werden vielleicht erschöpft sein. Aber daran ist nichts schlimmer als die Müdigkeit nach intensivem Sport.

Bauen Sie auf den bereits vorhandenen Fähigkeiten auf

Es kommt nicht darauf an, mit dem Kopf durch die Wand zu gehen,
sondern darauf, mit den Augen die Tür zu finden.
(Werner von Siemens)

Jeder Mensch kann auf Erfolge und Mißerfolge zurückblicken. Denken Sie zurück an Augenblicke, in denen Ihnen etwas gelungen ist, auf das Sie stolz waren, oder an Zeiten, in denen Sie glücklich und zufrieden waren. Versetzen Sie sich in der Vorstellung an jenen Ort zurück. Versuchen Sie, sich an alle auch noch so nebensächlichen Details zu erinnern. Was haben Sie damals gesehen, gehört, gefühlt, gerochen oder geschmeckt? Führen Sie sich vor Augen, wie

Sie diesen Zustand erreicht haben. Welche äußeren Umstände begünstigten den damaligen Erfolg? Gab es Menschen, die Sie in diesen Situationen unterstützt haben? Was hindert Sie heute daran, das gleiche zu tun wie damals? Wie können Sie ähnlich günstige äußere Bedingungen herbeiführen? Welche Menschen könnten Ihnen heute beistehen?

Der *Installateur* berichtet: »Ich war mit fünfzehn Jahren ein richtiger Fettsack. Ich wurde in der Schule gehänselt und schämte mich gewaltig. Irgendwann hat mir das total gestunken. Ich bin dann mit meinem älteren Bruder in ein Fitneßstudio gegangen, habe wie besessen trainiert und nichts Süßes mehr gegessen. Nach zwei Jahren hatte ich mich völlig verändert. Meine Klassenkameraden hatten plötzlich Respekt vor mir. Ich war stark genug, mir nichts mehr gefallen lassen zu müssen. Ich wurde bewundert und beneidet, weil ich gut aussah und mir die Mädchen hinterherliefen.«

Therapeut: »Wenn Ihnen etwas wirklich wichtig ist, sind Sie sehr willensstark und ausdauernd. Auch Ihre jetzige Situation stinkt Ihnen total. Was wollen Sie als erstes ändern?«

Patient: »Ich habe mich bereits an mehreren Arbeitsstellen vorgestellt. Während eines Vorstellungstermins hatte ich zweimal eine Attacke. Uh, das war scheußlich. Aber ich habe mir gesagt: Bleib ruhig. Dir kann nichts passieren. Ich habe dann ganz normal weitergesprochen. Außerdem habe ich mich wieder in einem Fitneßstudio angemeldet. Das wird hart, wenn ich da eine Panikattacke bekomme.«

Therapeut: »Was werden Sie tun, wenn Sie im Studio eine Attacke haben werden?«

Patient: »Vielleicht gehe ich aufs Klo, bis die Attacke vorbei ist. Oder ich trainiere einfach weiter.«

Suchen Sie sich Verbündete

Geteiltes Leid ist halbes Leid, geteilte Freude ist doppelte Freude.
(Sprichwort)

Wir sagten es bereits: Allein kommen Sie kaum aus dem Gefängnis Ihrer Ängste und Depressionen heraus. Es ist gut, wenn Sie neben dem Therapeuten noch andere Vertraute und Verbündete haben, die sich aufrichtig freuen, wenn Sie Fortschritte machen. Dabei werden Menschen, die bereits selbst einen Weg gefunden haben, mit ihren eigenen Ängsten oder Depressionen umzugehen, das größte Verständnis für Sie aufbringen und Ihnen beistehen.

Ängste manifestieren sich oft gerade bei der Kontaktaufnahme oder im mangelnden Vertrauen und Sich-Anvertrauen. Deshalb ist es gut, wenn neue Beziehungen zunächst im Schutze der Therapie geknüpft oder vertieft werden. Denn nicht jeder eignet sich als Vertrauter. Viele Menschen haben selbst so viel eigene verdrängte Angst, daß Sie sich gegen alles Beunruhigende von außen schützen müssen. Andere wiederum werden sich möglicherweise auf Ihre Ängste und Depressionen stürzen wie auf gefundenes Fressen. Sie können gar nicht genug von Ihren Problemen hören, weil sie auf diese Weise ihre eigenen geheimen oder unbewußten Nöte zu bewältigen suchen. So stellen eigene Angehörige oder Partner zwar oft ein wertvolles Unterstützungspotential dar. Aber nicht selten ist gerade die eigene Familie tief in die Problematik verwickelt. In solchen Fällen ist es sinnvoll, nahestehende Menschen in einem paar- oder familientherapeutischen Rahmen in die Behandlung mit einzubeziehen.

Achten Sie darauf, daß Sie mit Menschen regelmäßigen Kontakt pflegen, die eine positive und aufbauende Wirkung auf Sie haben. Menschen, die ständig pessimistisch und unzufrieden sind oder die Ihrem Selbstwertgefühl schaden, meiden Sie besser. Oder, wenn Ihnen viel an ihnen liegt, beziehen Sie sie in die Therapie ein.

Lassen Sie sich nicht gleich entmutigen, wenn sich die eine oder andere Person, der Sie sich anzuvertrauen versuchen, mit Ihrem Leiden nichts anfangen kann. Vergessen Sie nicht, daß andere Menschen auch Ängste haben. Und die Menschen, die ein allzu großes Interesse an Ihren Problemen zeigen, sollten Sie auch einmal auf deren eigene Ängste ansprechen. Es ist gut zu wissen, daß auch andere Personen Angst und depressive Gefühle kennen.

Parallel zur Behandlung durch einen Therapeuten kann der Kontakt zu einer Selbsthilfeorganisation sehr hilfreich sein. Dort bieten Betroffene mit Erfahrung ihre Hilfe für jene an, die noch nicht wissen, wie sie mit ihren Problemen fertig werden sollen. (Die Arbeit der Angst-Selbsthilfegruppen wird bundesweit von der Münchner Angst Selbsthilfe MASH koordiniert: Bayerstraße 77a, Rgb., 80335 München, Telefon: 089/5329 5613.)

Gedankenstop, positives Selbstgespräch, Ablenkung

Wem es an Glaubwürdigkeit fehlt, der macht viele Worte.
(Orientalische Lebensweisheit)

Da ein wesentlicher Bestandteil der Angstspirale das *katastrophierende Denken* ist (siehe: ersten Teil, Seite 39, zweiten Teil, Seite 111), ist es notwendig, in der akuten Angstsituation diese Art des Denkens zu unterbrechen. Sagen Sie jetzt bitte nicht, daß Sie während einer Angstattacke oder in einer Paniksituation nicht anders als so denken können. Sie können! Es ist nur eine Frage Ihrer Entschlossenheit, das heißt Ihres festen Willens. Das Problem ist, daß wir Menschen sehr verliebt sind in unser Denken. Wir schätzen es sehr als Schutz vor Gefahr, dem es in normalen Situationen auch dient. Aber gerade dann, wenn wir eine Angst überwinden wollen, die wir als behindernd erkannt haben, wird das Denken selbst zur Gefahr. Es bleibt Ihnen also nichts anderes übrig, als sich im Augenblick ängstlicher Erregung energisch zu befehlen: »Schluß jetzt. Es reicht!« Dann führen Sie ein positives Selbstgespräch, zum Beispiel: »Ich bin aufgeregt, aber mir kann nichts passieren. Ich bin gesund. Ich will meine Ziele erreichen. Ich werde es schaffen. Ich bin stärker als meine Angst.« Eine andere Strategie, die sich vor allem bei Angst in Flugzeugen, Zügen und Bussen bewährt, besteht darin, sich abzulenken: Zeitung lesen, sich unterhalten oder Kreuzworträtsel lösen.

Entspannung

Wer seine Gedanken nicht auf Eis zu legen versteht,
soll sich nicht in die Hitze des Streits begeben.
(Friedrich Nietzsche)

Ängste und Depressionen gehen in der Regel mit Störungen des vegetativen Nervensystems und des hormonellen Gleichgewichts einher (siehe Schema der Streßreaktion, Seite 26 f.). Schon die Menschen in der Antike, die noch nichts von Tiefenpsychologie und unbewußten Konflikten wußten, nutzten meditative Techniken, um ihre vegetative und emotionale Balance zu verbessern. Die älteste und am weitesten verbreitete Form der Selbstversenkung und Selbstbesinnung ist das Gebet und der religiöse Ritus. Für die Menschen von heute, die zu einem großen Teil das Vertrauen in die Religion verloren haben, wurden moderne Entspannungsverfahren wie das autogene Training oder die progressive Muskelrelaxation entwickelt. Das Erlernen dieser Techniken ist im Rahmen einer Angst- oder Depressionstherapie sehr zu empfehlen. Als Beispiel sei der Ablauf einer therapeutisch geleiteten Entspannungsübung beschrieben:

Therapeut: »Bitte nehmen Sie jetzt eine bequeme Körperhaltung ein. Achten Sie bitte darauf, daß Ihre Beine nicht übereinandergeschlagen sind und daß Sie nicht die Zähne aufeinanderbeißen. Ansonsten können Sie Ihre Haltung so oft, wie Sie wollen, korrigieren. Wenn Ihnen während der Übung irgend etwas unangenehm ist, lassen Sie es mich sofort wissen.

Wenn Sie wollen, können Sie jetzt die Augen schließen. Wie jeder Mensch haben auch Sie die Fähigkeit, sich tief zu entspannen. Es hängt teils davon ab, ob Sie überhaupt Lust dazu haben. Es kann hier nichts geschehen, was Sie nicht auch wollen.

Hören und fühlen Sie jetzt einmal tief in sich hinein. Spüren Sie Ihren Körper. Beobachten Sie alles, was gerade in Ihnen vorgeht. Bei dieser Übung müssen Sie nichts Besonderes tun oder erreichen. Lassen Sie einfach alles so kommen, wie es ist. Alles, was Sie erleben werden, ist so, wie es ist, richtig.

Gerade am Anfang müssen nicht alle Empfindungen immer nur angenehm sein. Richten Sie jetzt Ihre Aufmerksamkeit ganz nach innen. – Wie fühlt sich Ihr Körper an? – Welche Partie empfinden Sie als angenehm, welche als unangenehm? – Wo spüren Sie Ihren Körper am deutlichsten? – Konzentrieren Sie sich auf diesen Bereich. – Versuchen Sie, ganz genau zu spüren, wie sich diese Stelle anfühlt. – Konzentrieren Sie sich ganz intensiv auf dieses Gefühl, auch wenn es unangenehm ist. – Wie fühlt sich das an? – Versuchen Sie, es ganz genau zu beschreiben.«

Patient: »Meine Hände sind ganz unruhig. Ich habe das Gefühl, als würden sie vibrieren.«

Therapeut: »Es ist gut, daß Sie das so genau spüren. Das ist völlig in Ordnung. Konzentrieren Sie sich auf Ihre Hände, fühlen Sie

ganz deutlich die Vibration. Stellen Sie sich genau bildlich vor, wie sie vibrieren. – Ihre Hände vibrieren. – Lassen Sie sie ruhig noch deutlicher vibrieren. Je deutlicher Sie fühlen, wie Ihre Hände vibrieren, desto mehr werden Sie sich entspannen. – Atmen Sie jetzt tief in Ihren Bauch hinein. – Während Sie tief ein- und ausatmen, konzentrieren Sie sich weiter auf Ihre Hände. Mit jedem Atemzug wird Ihre Entspannung tiefer. Konzentrieren Sie sich dabei weiter auf Ihre Hände und das Vibrieren. Es ist völlig gleichgültig, ob Ihre Hände vibrieren oder nicht. Lassen Sie Ihre Hände ruhig vibrieren. Das wird Ihre Entspannung nur noch mehr vertiefen.

Achten Sie noch einmal auf Ihre Haltung, machen Sie es sich ganz bequem. Korrigieren Sie notfalls Ihre Position. Gut.

Vielleicht spüren Sie im Augenblick, daß einige Körperzellen bereits gut entspannt sind, während andere noch dabei sind, sich zu lösen. – Das ist alles in Ordnung.

Immer weiter und tiefer entspannt. – Und die Entspannung wird noch tiefer und deutlicher, wenn Sie jetzt langsam tief Luft holen und ohne Eile ausströmen lassen. – Für viele Menschen ist es angenehm zu erfahren, wie sich die Einatmung und die Ausatmung voneinander unterscheiden. – Wie leicht und kühl die Einatmung ist. Und wie schwer und warm die Ausatmung ist.

Der Atem ruhig und gleichmäßig. – Ruhig und gleichmäßig. – Immer tiefer entspannt, wunderbar ruhig und tief entspannt.

Und vielleicht spüren Sie schon etwas von diesem angenehmen, wohligen Gefühl von Leichtigkeit oder von Schwere. – Es kann mit jedem Atemzug zunehmen, bis es sich schließlich wie ein kräftiger Strom in den ganzen Körper ergießt.

Ganz entspannt. Jeder Muskel Ihres Körpers entspannt sich. Fühlen Sie, wie sich die Muskeln der Füße entspannen … die Muskeln der Beine. – Entspannen Sie Ihr Gesäß … den Bauchraum … den Brustraum … den Rücken. – Ganz entspannt. – Die Finger … die Hände … die Arme … der Nacken … die Schultern. – Ganz entspannt.

Entspannen Sie alle Muskeln Ihres Körpers. – Der Geist bleibt wach, vielleicht noch wacher als sonst. – Doch der Körper ist müde und entspannt, müde und entspannt, ganz entspannt, tief entspannt, immer tiefer und tiefer, immer tiefer entspannt.

Wie Sie sich so entspannt haben, fühlt sich der ganze Körper zunehmend wohl ... ganz leicht oder ganz schwer, ich weiß es nicht, und es spielt auch keine Rolle mehr, ob es Leichtigkeit oder Schwere ist. Einfach ein gutes, angenehmes, wohliges Gefühl von Entspannung.

Und so können Sie sich noch tiefer gleiten lassen ... oder sich davon tragen lassen ... sich noch mehr hineinversenken ... oder auf und davon schweben. – Sie lassen es einfach geschehen, was Ihnen am besten gefällt. – Der ganze Körper vollkommen gelöst. – Gut.

Und der Geist hat sich ebenfalls entspannt, als Sie sich auf die Ruhe in Ihrem Körper eingestellt haben. – Daher fällt es Ihnen hier immer leichter, jede Art von Belastung draußenzulassen ... hinauszulassen.

Der Geist ist voller Ruhe und Stille. Und Sie fühlen sich noch wohler und besser. – Sie werden sich weiterhin angenehm entspannt und gelöst fühlen und meine Stimme hören. – Immer tiefer und tiefer entspannt ... und vielleicht auch etwas müde und schläfrig.

Ich werde gleich damit beginnen, von 20 bis 1 zu zählen. Während ich zählen werde, können Sie erfahren, daß Sie sich noch tiefer in diesen harmonischen Zustand von Trance versenken können, in den Sie schon eine Zeitlang, langsam, schrittweise hineinfinden und der sich nun mit jeder Zahl noch vertiefen wird.

... 20 ... ganz entspannt ... 19 ... tief entspannt ... 18 ... immer weiter ... 17 ... immer tiefer ... 16 ... mit jeder Zahl ... 15 ... auf dem Wege ... 14 ... nach innen ... 13 ... zu sich selbst ... 12 ... vollkommen ruhig ... 11 ... tief entspannt ... 10 ... ein gutes Gefühl ... 9 ... alle Störungen gehören zu Ihrer Entspannung ... 8 ... Sie lassen geschehen ... 7 ... wie weit ... 6 ... Sie noch kommen mögen ... 5 ... in Ihrer Trance ... 4 ... meine Stimme begleitet Sie überallhin ... 3 ... und Sie werden gleich ... 2 ... noch mehr erfahren können ... 1 ... tief entspannt ... im Zustand einer angenehmen, wohligen Trance.

Die Sicht kann sich jetzt weiten ... überall hin, um Klarheit zu erblicken. – Ihr Weg wird frei ... zu sich selbst oder über sich selbst hinaus. – Und meine Stimme begleitet Sie. – Die heilenden Kräfte Ihres innersten Wesens gewinnen ... nun an Raum und Richtung ... und führen Sie über die Hindernisse und Gegenkräfte hinweg.«

Der Vorteil dieser Entspannungsübung ist, daß sie eventuell unangenehme Körperempfindungen zuläßt, daß sie nicht als Störfaktor mühsam beiseite geschoben werden müssen, sondern als Fokus der Aufmerksamkeitskonzentration und Bewußtseinseinengung dienen. Je häufiger und regelmäßiger Sie Entspannung üben, desto schneller und leichter werden Sie sich selbst beruhigen und erholen lernen. Regelmäßige Entspannung ist eine wirksame Vorbeugung gegen das Auftreten von Unruhe-, Angst-, Verstimmungs- und Erschöpfungszuständen.

Atmen
Die Atmung ist aufs engste mit dem Gefühlsleben verbunden, vor allem mit der Angst. Bei seelischen Erschütterungen bleibt einem die Luft weg. Man hält vor Schreck die Luft an oder muß seinem Ärger Luft machen. Bedrücktheit äußert sich in der typischen Seufzeratmung. Manche Kleinkinder hören als Reaktion auf Schreck oder Verweigerung ihrer Wünsche so lange auf zu atmen, bis sie blau oder gar bewußtlos werden. Seelische Spannungen und Ängste führen mitunter zur *Hyperventilation*: aus einem Gefühl heraus, nicht genug Luft zu bekommen, atmet der Betroffene zu heftig. Als Folge der Hyperventilation können tetanische Krämpfe in den Händen mit Pfötchenstellung der Finger auftreten. Als weitere psychosomatische Krankheiten, bei denen die Atmung betroffen ist, sind das *Asthma bronchiale* (mit angstvollen Zuständen bedrohlicher Atemnot) und der *psychogene Husten* (bei dem die Betroffenen anderen »etwas husten«) zu erwähnen.

Die Atmung hat neben ihrer engen Beziehung zum Gefühlsleben die Besonderheit, daß sie die einzige vegetative Funktion ist, die wir mit unserem Willen direkt beeinflussen können. Dadurch können wir die Wirkungsrichtung Seele → Atmung umkehren zu Atmung → Seele. Das heißt: Durch bewußtes, richtiges Atmen nehmen wir gezielt Einfluß auf unser seelisches Befinden.

Übungsanleitung
Stellen oder legen Sie sich bequem hin. Wenn Sie sitzen wollen, achten Sie darauf, daß Sie aufrecht sitzen, so daß Ihr Bauch und damit das Zwerchfell nicht eingeengt sind. Lösen Sie den Gürtel und die Knöpfe von Hose oder Rock, damit sich Ihr Bauch auch bei maximaler Einatmung frei bewegen kann. Recken Sie sich einmal kräftig aus, indem Sie die Fäuste ballen oder die Finger und Zehen weit

auseinanderspreizen und Arme und Beine weit von sich strecken. Spüren Sie den angenehmen leichten Dehnungsschmerz?

Schließen sie die Augen, und konzentrieren Sie sich auf Ihre Atmung. Atmen Sie durch die Nase einmal so tief wie möglich ein. Achten Sie darauf, daß sich dabei zuerst Ihr Bauch vorwölbt. Erst dann weiten Sie Ihren Brustkorb und saugen die Luft bis unter die Schultern ein. Spüren Sie, wie sich zum Schluß Ihre Schultern heben. Halten Sie die Luft für etwa drei Sekunden an. Spüren Sie die Spannung im Körper. Danach atmen Sie langsam aus, indem Sie erst Ihren Bauch einziehen, so weit, wie es ohne Schmerz geht. Dann lassen Sie langsam die Schultern sinken und Ihren Brustkorb zusammenschrumpfen. Fühlen Sie auch den Zustand der völligen Ausatmung für drei Sekunden an. Wiederholen Sie diesen Vorgang dreimal.

Jetzt lassen Sie Ihrem Atem freien Lauf. Lassen Sie Ihren Körper wieder selbst atmen. Versuchen Sie, keinen bewußten Einfluß auf den Atemrhythmus zu nehmen. Spüren Sie, wie die Luft durch Nase, Kehle und Hals hinunter in die Bronchien fließt. Spüren Sie, wie kühl und leicht sich die Einatmung anfühlt und wie warm und schwer die Ausatmung. Spüren Sie, wie sich beim Einatmen Ihre Rippen spreizen und wie mühelos Sie bei der Ausatmung in den Ruhezustand zurückkehren.

Am Anfang werden Sie vielleicht eine Reihe von Unregelmäßigkeiten Ihrer Atmung bemerken: Stockungen, Abwechseln von schnell und langsam, tief und flach, Gähnen, Seufzen, Keuch- und Pfeifgeräusche, Hustenreiz, Schlucken, Schnüffeln, Niesen und vieles mehr. Lassen Sie alles geschehen, wie es ist. Unterdrücken Sie nichts. Schauen Sie sich alles an, wie es ist. Aber bleiben Sie auf Ihren Atem konzentriert. Wenn Ihre Gedanken abweichen, ist das auch in Ordnung. Nur kehren Sie, wenn Sie es bemerken, wieder zu Ihrer Atmung zurück.

Machen Sie diese Übung zweimal täglich für fünf bis zehn Minuten. Setzen Sie sich nicht unter Druck, indem Sie sich mit Gewalt in einen Entspannungszustand bringen wollen. Die Entspannung kommt ganz von selbst. Haben Sie etwas Geduld. Am Anfang reicht es aus, wenn Sie mit Ihrer Atmung vertraut werden.

Die Atemübung läßt sich gut kombinieren mit der Beobachtung Ihrer inneren Realität (siehe Seite 109 ff.). Wenn eine Körperwahrnehmung (zum Beispiel ein Druck in der Brust) sehr unangenehm oder bedrohlich ist, konzentrieren Sie sich auf das unangenehme Gefühl. Atmen Sie tief in dieses Gefühl hinein, immer wieder hineinatmen, anfühlen, hineinatmen, anfühlen. Was macht das Gefühl mit Ihnen, in welche Stimmung versetzt es Sie? Und wieder atmen und fühlen. Probieren Sie es mindestens für zehn Minuten. Schauen Sie, was passiert. In der Regel wird nach und nach eine Beruhigung eintreten.

Die Übung können Sie auch mit offenen Augen machen. Führen Sie sie so oft wie möglich und wo immer Sie können durch, sei es auch nur für eine halbe Minute: in öffentlichen Verkehrsmitteln, während kurzer Arbeitspausen, auf der Toilette, im Aufzug oder im Auto an der Ampel. Das regelmäßige Üben stärkt Ihr Bewußtsein für Ihren eigenen Körper und damit Ihr Selbst-Bewußtsein. Auf die Übung können Sie dann in angstvollen Augenblicken zurückgreifen, in Ihre körperlichen Angstsymptome hineinatmen und sich schließlich selbst beruhigen.

Psychoserum
Wenn Sie gelernt haben, sich zu entspannen, sei es durch autogenes Training, progressive Muskelrelaxation oder Atemtechnik, können Sie ein Psychoserum einbinden. Wenn Sie im Zustand der Entspannung sind, stellen Sie sich bildhaft die positiven Aspekte des kritischen Verhaltens vor. Ein Beispiel: »Meine Depressionen sind Abschnitte der Entlastung. Wenn ich mich depressiv fühle, lasse ich alle Verpflichtungen, alle Anspannungen, ja sogar mich selber fallen. Meine Depressionen sind das Gegengewicht zu meinem Bedürfnis, immer der/die Beste zu sein und das Beste zu leisten.« Das Psychoserum kann auch eine Geschichte oder Spruchweisheit sein, die Ihnen gut gefällt und Ihr Problem treffend beschreibt.

Eine 22jährige Studentin mit Depressionen und Eßstörungen berichtet: »Ich habe oft große Selbstzweifel. Immerzu frage ich meine Eltern und Freunde um Rat. Andererseits hasse ich es, wenn sich vor allem meine Eltern in mein Leben einmischen und mich immer noch wie ein kleines Mädchen behandeln. Mir ist in der Therapie klargeworden, daß ich das Verhalten meiner Eltern selbst provoziere, indem ich mich immer wieder, wenn ich mich ratlos fühle, hilfesuchend an sie wende. Die Geschichte: *Die Schwierigkeit, es al-*

len recht zu machen, hat mir sehr geholfen, mein Leben mehr in die eigene Hand zu nehmen.«

Die Schwierigkeit, es allen recht zu machen
Ein Vater zog mit seinem Sohn und einem Esel in der Mittagsglut durch die staubigen Gassen von Keshan. Der Vater saß auf dem Esel, den der Junge führte. »Der arme Junge«, sagte da ein Vor-übergehender. »Seine kurzen Beinchen versuchen mit dem Tempo des Esels Schritt zu halten. Wie kann man so faul auf dem Esel her-umsitzen, wenn man sieht, daß das kleine Kind sich müde läuft.« Der Vater nahm sich dies zu Herzen, stieg hinter der nächsten Ecke ab und ließ den Jungen aufsitzen. Gar nicht lange dauerte es, da erhob schon wieder ein Vorübergehender seine Stimme: »So eine Unverschämtheit. Sitzt doch der kleine Bengel wie ein Sultan auf dem Esel, während sein armer, alter Vater nebenherläuft.« Dies schmerzte den Jungen, und er bat den Vater, sich hinter ihn auf den Esel zu setzen. »Hat man so etwas schon gesehen?« keifte eine schleierverhangene Frau, »solche Tierquälerei! Dem armen Esel hängt der Rücken durch, und der alte und der junge Nichtsnutz ruhen sich auf ihm aus, als wäre er ein Diwan, die arme Kreatur!« Die Gescholtenen schauten sich an und stiegen beide, ohne ein Wort zu sagen, vom Esel herunter. Kaum waren sie wenige Schritte neben dem Tier hergegangen, machte sich ein Fremder über sie lustig: »So dumm möchte ich nicht sein. Wozu führt ihr denn den Esel spazie-ren, wenn er nichts leistet, euch keinen Nutzen bringt und noch nicht einmal einen von euch trägt?« Der Vater schob dem Esel eine Handvoll Stroh ins Maul und legte seine Hand auf die Schulter sei-nes Sohnes. »Gleichgültig, was wir machen«, sagte er, »es findet sich doch jemand, der damit nicht einverstanden ist. Ich glaube, wir müssen selbst wissen, was wir für richtig halten.«

Die Technik der paradoxen Intention

Es gehört manchmal mehr Mut dazu, seine Meinung zu ändern,
als ihr treu zu bleiben.
(Friedrich Hebbel)

Es scheint uns natürlich, daß wir alles unternehmen, um etwas, wovor wir Angst haben, zu vermeiden oder es zu verhindern. Wenn der schon mehrfach zitierte Installateur befürchtet, vor aller Augen umzufallen und sich zu blamieren, ist es nachvollziehbar, daß er öffentliche Auftritte meidet. Angst verweist aber immer auch auf ein starkes Bedürfnis, denn ohne Bedürfnis gibt es keine Angst. So ist es gerade die Angst des Installateurs vor der Öffentlichkeit, die darauf hindeutet, daß er ein intensives Verlangen hat, sich vor anderen Menschen zu zeigen. Nur die Angst vor Blamage hält ihn zurück. Und die Angst vor Blamage ist durchaus berechtigt. Wer sich öffentlich zeigt, geht tatsächlich ein Risiko ein, zu versagen oder sich lächerlich zu machen. Wenn sich der Installateur also wieder öffentlich zeigen will, bleibt ihm nichts anderes übrig, als der Gefahr der Blamage ins Auge zu sehen, ja – und jetzt wird es paradox – die Blamage geradezu zu suchen und herauszufordern. Die paradoxe Intention kehrt die ursprüngliche ängstliche Vermeidungsabsicht in einen fatalistischen *Flucht-nach-vorne-Vorsatz* um, etwa nach dem Motto: »Jetzt will ich mich einmal so richtig vor allen Leuten blamieren. Was ist schon dabei, wenn ich umkippe. Sollen doch alle sehen, was ich für einer bin.«

Humor und Selbstironie

Es gibt Leute, die nur aus dem Grund in jeder Suppe ein Haar finden, weil sie,
wenn sie davor sitzen, so lange mit dem Kopf schütteln, bis eins hineinfällt.
(Friedrich Hebbel)

Die Technik der paradoxen Intention erfordert eine gehörige Portion *Humor und Selbstironie*. Die Fähigkeit, auch einmal über sich selbst zu lachen, bedeutet nicht, sich selbst abzuwerten, zu verspotten und sich aufzugeben. Über sich selbst lachen zu können heißt vielmehr, seine allzu menschlichen Schwächen zu kennen und als unverwechselbaren Bestandteil der eigenen Persönlichkeit anzunehmen. Humor ist eine sehr lust- und liebevolle Art, mit den unvermeidlichen Ungereimtheiten und Widrigkeiten des Daseins fertig zu werden. Wer Selbstironie übt, tritt vorübergehend aus der üblichen egozentrischen (sich selbst als den Mittelpunkt des Universums erlebenden) Sichtweise der Dinge heraus, betrachtet sich quasi von außen und erkennt noch in der Tragik des Lebens dessen Komik.

Bauen Sie Überforderungen ab

Wer sich zu sehr über kleine Dinge ereifert, verliert den Blick für die großen.
(La Rochefoucauld)

Führen Sie sich noch einmal die vier Bereiche *Körper, Leistung, Kontakt* und *Zukunft* vor Augen. In welchen Bereichen gibt es Belastungen und Konflikte? Nehmen wir an, Sie sind Leistungssportler und haben sich beim Training für einen bald bevorstehenden Wettkampf durch Überlastung eine Kniegelenkentzündung zugezogen. Der Sportarzt erklärt Ihnen, daß Sie Ihr Knie ruhighalten müssen. Ansonsten würden nur Kortisoninjektionen in das Kniegelenk helfen, die aber mit einem erheblichen Infektionsrisiko behaftet sind. Nehmen wir weiter an, daß Sie sich an Ihrem Arbeitsplatz um eine höhere Position beworben haben, die aber mit deutlich mehr Arbeitsaufwand verbunden ist und um die Sie gegen Ihre Konkurrenten heftig kämpfen müssen. Außerdem haben Sie mit Ihrem Partner ständige Auseinandersetzungen wegen der Kindererziehung und weiterer Lebensplanung. Ihr Partner strebt ein beschauliches Leben auf dem Land an. Sie wollen weiter in der Großstadt leben und Karriere machen. Sie fühlen sich fix und fertig. Weil Sie nicht mehr richtig schlafen können, trinken Sie am Abend größere Mengen Alkohol. Sie fühlen, daß das keine Lösung ist, aber Sie wissen sich sonst nicht zu helfen.

Auch hier gilt in erster Linie: Suchen Sie sich Hilfe, am besten professionelle. Laborieren Sie nicht zu lange alleine herum. Es kostet Sie nur wertvolle Zeit und Energie, die Sie nicht übrig haben.

Gleichzeitig stellt sich die Frage, ob Sie die Konflikte in allen vier Bereichen nicht begrenzen können. Müssen Sie wirklich parallel an vier Fronten kämpfen? Können Sie nicht vorübergehend eine oder mehrere Fronten schließen, um sich auf das Wesentliche zu beschränken? Sie könnten zum Beispiel den Wettkampf absagen und erst einmal Ihr Knie auskurieren. Da Ihnen Ihre Karriere das wichtigste Anliegen ist, beschließen Sie, alle Energie auf diesen Bereich zu konzentrieren. Sie wollen um die bessere Position kämpfen, und Sie werden kämpfen. Aber Sie schaffen sich den Rücken frei. Sie überlassen Ihrem Partner fürs erste die Verantwortung für die Kindererziehung und vertagen die Frage, wo die Familie in Zukunft wohnen wird, auf einen späteren Zeitpunkt.

Das klingt alles sehr vernünftig und einfach. Aber: Überforderungen abzubauen ist in der Praxis viel schwerer. Denn die *Beschränkung auf das Wesentliche* erfordert Verzicht. Und wer verzichtet schon gerne auf Ehrgeiz, Anerkennung, Einfluß, Macht, Verantwortung und Nervenkitzel. Doch ohne Verzicht gibt es auf Dauer keine Gesundung. Verzichten Sie freiwillig, bevor die Krankheit Sie dazu zwingt!

Halten Sie Ihren Körper fit

Die enge Wechselbeziehung von Körper und Seele macht es möglich, viel gegen Ihre Ängste und Depressionen zu tun, indem Sie auf die gesunde Funktion Ihres Körpers achten (siehe auch: Die »guten« körperlichen Gründe für Angst und Depressionen, Seite 52 ff.). Folgende Empfehlungen sollen Ihnen als Leitfaden dienen:

- Vermeiden Sie alles, was Sie auf Dauer schwächt: Alkohol, Nikotin, Drogen, Medikamente (außer ärztlich verordneten).
- Übertreibungen, sei es bei der Arbeit, beim Sport, Essen oder Sonnenbad, schaden Ihnen. Maßhalten ist eine der wichtigsten, aber auch schwierigsten Grundlagen seelischen Gleichgewichts.
- Ernähren Sie sich vollwertig: Essen Sie überwiegend pflanzliche, naturbelassene Nahrung, z. B. Gemüse, Kartoffeln, Salate, Vollkornprodukte, Milchprodukte, Obst. Verzichten Sie auf Zucker und alle Süßigkeiten. (Zuckergenuß entzieht dem Körper Vitamine und Mineralien. Die Darmflora wird geschädigt und das Pilzwachstum gefördert. Der Blutzuckerspiegel schwankt stark und beeinträchtigt die Gehirnfunktion. Auf Dauer werden Gefäße und Nerven geschädigt.) Ersetzen Sie Zucker durch den maßvollen Genuß von Früchten, Rosinen, Datteln, Feigen und Nüssen.
- Sorgen Sie für eine ausreichende Versorgung mit Vitaminen des

B-Komplexes, Magnesium und Zink. Diese Vitamine und Mineralien fördern und stabilisieren die Nervenfunktion.

- Regeln Sie Ihren Tagesablauf. Achten Sie auf ausreichenden Schlaf, genügend Zeit für die Mahlzeiten, für Menschen, die Ihnen etwas bedeuten, für Freizeit und Erholung.
- Treiben Sie regelmäßig, aber maßvoll Sport, am besten Ausdauersportarten wie Laufen, Fahrradfahren und Schwimmen. Ihr Puls pro Minute sollte nicht über einen Wert von 180 minus Ihr Lebensalter gehen. Trainieren Sie zwei- bis dreimal pro Woche für 30 bis 60 Minuten. Quälen Sie sich nie. Sport muß Spaß machen. So haben Sie einen optimalen Nutzen für Ihre Gesundheit.

Körperliche Funktionsstörungen, beispielsweise der Verdauung, des Schlafes, des Kreislaufs oder des Hormonsystems, lassen sich oft zufriedenstellend mit Naturheilverfahren behandeln, etwa mit Kneipp-Anwendungen. Blockierungen und Verspannungen im Bereich der Wirbelsäule und der Rückenmuskulatur können erfolgreich mit physikalischer Therapie, Massagen und Krankengymnastik angegangen werden. Bei Depressionen haben sich neben der medikamentösen Behandlung die Therapie mit Licht und/oder Schlafentzug bewährt. Die Lichttherapie wird vorwiegend im Winter angewendet, wenn wenig Licht auf die Netzhaut des Auges fällt. Patienten, die zur saisonalen (Winter-) Depression neigen, schauen für eine bis mehrere Stunden in eine starke Lichtquelle, deren Spektrüm dem des Tageslichtes entspricht. Die Behandlung ist wissenschaftlich erprobt und absolut unschädlich. Vergessen Sie bitte nicht: Alles, was Sie für Ihren Körper tun, wird letztlich auch Ihrem seelischen Gleichgewicht zugute kommen.

Medikamente bei Ängsten und Depressionen

Zwischen Entweder und Oder führt noch manches Sträßlein.
(Joseph Victor von Scheffel)

Das beste angstlösende Medikament (*Anxiolytikum*) und das beste Antidepressivum ist die vertrauensvolle Beziehung zwischen Patient und Arzt. Eine zwingende Indikation für *Psychopharmaka* gibt es nur bei psychotischen Ängsten und bei der endogenen Depression. Dennoch sollte der Arzt auch bei massiven Symptomen

Psychopharmaka bei Angst und Depression

Wirkstoffgruppe Handelsnamen	angezeigt bei	Wirkungs-eintritt	Neben-wirkungen	Sucht-gefahr	Tages-dosis
Tranquilizer z.B. Tafil, Rivotril, Valium	Panikstörungen, generalisierte Angst	rasch	wenige	vorhanden	bis 6 mg
Serotonin-Wiederauf-nahmehemmer Fevarin, Fluctin, Seroxat	(endogene) Depression, Panikstörung, Zwänge	langsam	wenige	gering	bis 10 mg 100 bis 300 mg
Reversible MAO-A-Hemmer Aurorix	(endogene) Depression, Panikstörung, soziale Phobie	langsam	wenige	gering	450 bis 900 mg
Trizyklische Antidepressiva z.B. Anafranil, Saroten, Tofranil	(endogene) Depression, Panikstörungen, Zwänge	langsam	viele, hohe Dosis wirkt tödlich, Vorsicht: Suizid	gering	75 bis 300 mg
Betablocker z.B. Dociton	Zittern, Blut-hochdruck, Herzrhythmus-störungen	rasch	wenige	gering	20 bis 120 mg

neurotischer Ängste und Depressionen und vor allem bei Selbstmordgefahr frühzeitig an den Einsatz von antidepressiven und beruhigenden Medikamenten denken. Psychopharmaka kommen außerdem in Betracht, wenn nach sechs bis acht Wochen adäquater Psychotherapie keine Besserung der Beschwerden eintritt. Diese Medikamente stehen der Psychotherapie nicht zwangsläufig im Weg. Oftmals ermöglichen sie die Annäherung an das Unheimliche der seelischen Tiefenschichten, so daß der Patient überhaupt erst für Gespräche offen wird und die therapeutischen Anregungen umsetzen kann.

Medikamenten kommt auch als Ausgleich konstitutioneller Schwächen und Defizite eine Berechtigung zu (siehe: Die »guten« körperlichen Gründe für Ängste und Depressionen, Seite 53 ff.). Eine angeborene Irritierbarkeit, Empfindsamkeit oder Impulsivität kann ein solches Ausmaß annehmen, daß sie durch Zuwendung, Gespräche und Ordnung der Lebensverhältnisse alleine nicht auf ein erträgliches Niveau reduziert werden kann. Hier wirken Psychopharmaka als echte Überlebenshilfe. In der nebenstehenden Tabelle stellen wir eine Auswahl von Psychopharmaka vor, die bei Ängsten und Depressionen Anwendung finden.

Wenn Antidepressiva Anwendung finden, müssen sie ausreichend hoch dosiert und mindestens über vier Wochen verabreicht werden, weil sie sonst ihre potentielle Wirkung nicht entfalten können (siehe Tabelle). Tranquilizer sind wegen ihres raschen Wirkungseintritts zu Beginn einer Behandlung in Kombination mit Antidepressiva vertretbar. Sie sollten aber wegen der Gewöhnungsgefahr nach vier bis acht Wochen wieder abgesetzt werden.

Die meisten *Nebenwirkungen* der Antidepressiva sind lästig, aber harmlos: Mundtrockenheit, Verstopfung, Schwierigkeiten beim Lesen kleiner Schrift, Schweißausbrüche, erschwertes Wasserlassen, Zittern, Übelkeit, Kreislaufprobleme, Pulsbeschleunigung, Gewichtszunahme, Libido- und Potenzstörungen, Müdigkeit oder Unruhe. Sie gehen in der Regel von selbst wieder zurück. Prinzipiell ist Vorsicht geboten wegen der verlängerten Reaktionszeiten im Straßenverkehr und am Arbeitsplatz. Wenn sich ein Antidepressivum als wirksam erwiesen hat, sollte es – auch bei Symptomfreiheit – nicht gleich wieder abgesetzt werden. Zur *Rückfallprophy-*

laxe empfiehlt es sich, das Medikament sechs bis acht Monate weiter einzunehmen. Allerdings kann die anfängliche Dosierung allmählich bis auf die Hälfte reduziert werden.

Trainieren Sie Ihr Selbstvertrauen

Man muß den Punkt kennen, bis zu dem man zurückweichen darf.
(Ernst Jünger)

Kennen Sie Menschen, die ein beneidenswertes Selbstwertgefühl ausstrahlen? Schauen Sie sich in Ihrem Bekanntenkreis um, wer selbstbewußt wirkt und wie derjenige lebt. Sie werden feststellen, daß selbstbewußte Menschen beruflich und privat sehr aktiv sind. Sie werden vielleicht sagen, daß es keine Kunst ist, bei einem so gesunden Selbstbewußtsein überall dabei zu sein. Aber haben Sie einmal überlegt, ob es nicht umgekehrt ist, ob nicht das gute Selbstwertgefühl die Folge der vielen Aktivitäten ist?

Den wenigsten Menschen ist Selbstbewußtsein in die Wiege gelegt. Selbstvertrauen muß in der Regel jeden Tag neu erworben werden. Den selbstwertstärkenden Erfolgen, Anerkennungen, Befriedigungen und der beglückenden Erfahrung von Liebe gehen Anstrengungen voran. Warten Sie nicht auf den Tag, an dem Ihr Selbstwertgefühl von alleine besser wird. Fragen Sie sich: Was würde ich tun, wenn ich ein selbstbewußter Mensch wäre? Und genau das tun Sie dann: Freunde einladen und besuchen, in einen Sportverein gehen oder sich für einen spannenderen Job bewerben. Sie wissen bereits: Der beste Zeitpunkt, damit zu beginnen, ist *jetzt.*

Vom Opfer zum Täter: Ihre Angst erzeugen Sie selbst

Ob du andere reformieren kannst, ist unsicher, ein Mensch aber lebt,
den du sicher reformieren kannst – und das bist du selbst.
(Thomas Carlyle)

Es wird Ihnen nicht gefallen haben, in diesem Buch zu erfahren, daß Sie Ihre Angst und depressiven Symptome selbst erzeugen. Natürlich tun Sie das nicht bewußt oder vorsätzlich. Und selbstverständlich gibt es äußere Einflüsse, auf die Sie reagieren. Aber wie Sie reagieren, das entscheiden Sie beziehungsweise Ihr Körper. Und der sind Sie ja auch. Bitte verstehen Sie diese These nicht als Schuld-zuweisung: »Du bist ja selbst an deiner Misere schuld.« Vielmehr ist es Ihre große Chance, nicht nur Opfer, sondern auch Verursa-cher Ihrer Not zu sein. Wenn Sie nur Opfer widriger Umstände wären, dann hätten dieses Buch und alle psychotherapeutischen Anstrengungen keinerlei Sinn. Glücklicherweise tragen Sie selbst erheblich zu Ihrer derzeitigen Situation bei. Damit ist die wunder-bare Möglichkeit zur Veränderung gegeben, wenn Sie sie wirklich wollen. Voraussetzung ist, daß Sie endlich Verantwortung für Ihr Leben übernehmen. Selbst wenn Sie von Geburt an benachteiligt sind oder Ihnen als Kind Unrecht zugefügt wurde, gibt es heute, da Sie erwachsen sind, niemanden, der Ihnen diese Verantwortung ab-nehmen könnte. Allerdings ist es gut, wenn Sie die schwere Last vorübergehend mit einem Therapeuten oder anderen hilfsbereiten Menschen teilen.

Vergessen Sie Ihre Fiktion totaler Sicherheit

Sprichst du, was dir gefällt, mußt du auch hören, was dir nicht gefällt.
(Alkaios)

Angst ist das Verlangen nach totaler Sicherheit und Geborgenheit. Depression ist die Verzweiflung darüber, daß es diese nicht gibt. Unser Leben hängt an einem seidenen Faden. Unsere einzige Sicherheit ist die Todesgewißheit. Viele Menschen versuchen diese bittere Wahrheit zu leugnen. Sie klammern sich an die staatlichen Sicherungsinstrumente, hoffen auf die moderne Medizin, schließen zahllose Versicherungen ab oder häufen Kapital für die Ewigkeit an, als könnte sie ihr Reichtum vor dem menschlichen Schicksal ret-ten. Die Sicherheit und Geborgenheit, die wir suchen, finden wir – in letzter Konsequenz – nicht in der äußeren Welt, weder in ande-ren Menschen noch in den Dingen. Sicherheit finden wir letztlich nur in uns selbst, in der Hoffnung oder sogar Gewißheit, daß das Leben einer höheren Ordnung gehorcht – auch nach dem Tod.

Empfehlungen für Therapeuten
und Bezugspersonen von Depressiven

Es genügt nicht, daß man zur Sache spricht;
man muß zu den Menschen sprechen.
(Stanislaw Lec)

Die therapeutische Entlastung des Depressiven von seinen Pflich-
ten ist ein wichtiger Bestandteil in der akuten Phase der Depression. Es ist aber wichtig, daß der Depressive zum richtigen
Zeitpunkt wieder in kleinen Schritten lernt, die täglichen Anforderungen auf sich zu nehmen. Die Ratlosigkeit des Depressiven
verleitet seine Umgebung in der Regel dazu, ihn mit Ratschlägen
zu überhäufen. Oft sind es sogar einander widersprechende Ratschläge, die an den Kranken herangetragen werden.

Selbstverständlich benötigt gerade der Depressive das Einfühlungsvermögen und das Verständnis seiner Umwelt. Wenn diese
aber so weit geht, sich das depressive Konzept zu eigen zu machen,
kann der Kranke von ihr keine Hilfe mehr erwarten. Es kommt zur
paradoxen Situation, daß nicht der Therapeut den Patienten, sondern der Patient den Therapeuten von der Richtigkeit seiner Auffassung überzeugt. Sich in den anderen einfühlen muß also nicht
bedeuten, das Konzept des anderen bedingungslos zu übernehmen.

Der Depressive hat nicht nur seine lustbesetzte Beziehung zu seiner Umgebung abgebrochen, er versucht darüber hinaus, diese
Haltung zu verteidigen, und versteht dementsprechend alles, was
um ihn herum geschieht, als Bestätigung der Sinnlosigkeit, der aus-
weglosen Ungerechtigkeit, Hoffnungslosigkeit und Schuldhaftig-
keit.

In dieses Konzept verrennt sich der Depressive immer mehr und
entwickelt ein erstaunliches Geschick, die Wirklichkeit umzuinter-
pretieren. Würde man sich ausschließlich mit diesen Uminterpreta-
tionen beschäftigen, würde man nur die melancholischen Ansichten verfestigen und wiederholen. Das depressive Konzept erführe
somit eine fortwährende Bestätigung.

Um dem zu begegnen, können dem Depressiven Gegenkonzepte
angeboten werden. Dem pessimistischen »Die Flasche ist halbleer«
wird das positive Konzept »Die Flasche ist halbvoll« entgegenge-

setzt. Damit wird der Patient weder angegriffen noch belastet. Vielmehr artikuliert so die Bezugsperson offen ihre Ansicht der Dinge und bietet sie dem anderen als Alternative dar. Im Gegensatz zu den üblichen Ratschlägen beinhalten solche Erweiterungskonzepte keine Verpflichtung. Das Erweiterungskonzept verzichtet auf diesen Druck und läßt dem Partner Zeit, sich auf die erweiterte Sichtweise einzustellen. Der Bezugsperson wird es durch diese Methodik leichter gemacht, die Geduld aufzubringen, die sie im Umgang mit dem depressiven Partner benötigt.

4. Verbalisierung: Drei Interaktionsstadien funktionierender Kommunikation

Der Standpunkt macht es nicht;
die Art macht es, wie man ihn vertritt.
(Theodor Fontane)

Die Fähigkeit, Angst und Niedergedrücktheit zu empfinden, ist allen Menschen angeboren. Schon bei kleinen Kindern kann man beobachten, daß es – unabhängig von der Erziehung – große individuelle Unterschiede in der Neigung, ängstlich oder verstimmt zu sein und zu weinen, gibt. Ob sich die natürliche Angstbereitschaft später zu einer Angstkrankheit oder Depression entwickelt, hängt wesentlich davon ab, wie die Eltern auf die Veranlagung ihres Kindes reagieren. Ängste und Depressionen werden von den Eltern also in der Regel nicht verursacht. Aber ihre Erziehung hat einen entscheidenden Einfluß darauf, wie ihr Kind später einmal mit seinen Ängsten und Verstimmungen fertig wird (siehe: Die primären und sekundären Fähigkeiten, Seite 128, und im ersten Teil: Soziale Belastungen und Gefahren, Seite 67). Wenn sich die Eltern mit genügend Zeit und Geduld den Bedürfnissen und Nöten des Kindes widmen, wird es sich schnell beruhigen und Vertrauen in die Welt und zu sich selbst gewinnen. Wenn die Eltern aber im Konflikt mit ihrer Elternrolle sind, durch ihren Beruf oder andere Interessen so beansprucht sind, daß sie dem Kind nur wenig Zuwendung und Verständnis entgegenbringen, oder wenn sie das Kind gar kränken, verunsichern oder beschämen, wird es mit seinen Nöten oft allein bleiben. Und können in solchen Fällen weder die Großeltern noch andere Ersatzeltern einspringen, wird es die Fähigkeit, sich frei und offen mitzuteilen, nur ungenügend entwickeln. Das Kind wird seine Frustration, Aggression, Angst oder Traurigkeit still in sich tragen, unter Umständen krank werden oder Verhaltensstörungen entwickeln. Im Erwachsenenalter wird derjenige eher zurückgezogen leben und seine wahren Gefühle verbergen oder übermäßige Erwartungen an den Partner stellen, der nun für alle Entbehrungen der Kindheit entschädigen soll.

Auch ein Übermaß an elterlicher Zuwendung und Verwöhnung kann schaden, wenn dem Kind dadurch die Möglichkeit genommen ist, sich nach und nach den angstvollen Herausforderungen der Welt zu stellen. Dadurch bleibt seine Autonomieentwicklung zurück, und die spätere Ablösung von den Eltern wird erschwert.

Ferner hängt das soziale Verhalten eines Menschen erheblich davon ab, welches Vorbild die Eltern abgaben. Wenn die Eltern wenig Zärtlichkeit miteinander austauschten, selten miteinander sprachen oder sich häufig mißverstanden oder wenn sie heftig stritten oder gar gewalttätig wurden, wird das Auswirkungen auf die späteren Partnerschaften ihrer Kinder haben. Das gleiche gilt für die Beziehung zu Freunden, Kollegen, Vereinen, Religionsgemeinschaften, Parteien, Ausländern und so weiter. Wenn die Eltern Kontakt vermeiden, wird auch das Kind wenig Gelegenheit haben, sich mit Fremden zu verständigen oder anzufreunden. Es wird mehr Scheu vor sozialen Kontakten und eher Vorurteile entwickeln. Es wird leichter andere mißverstehen und Schwierigkeiten haben, sich verständlich auszudrücken. Mißverständnisse, ob in der Partnerschaft, Familie oder Gesellschaft, sind *Mikrotraumen*. Sie verunsichern, erzeugen Angst und stehen befriedigenden Kontakten im Weg. Störungen in der Kommunikation und Probleme in den zwischenmenschlichen Beziehungen sind bei Ängsten und Depressionen regelmäßig anzutreffen. Die Stufe der Verbalisierung dient dem Ziel, die gestörte sprachliche und körpersprachliche Kommunikation wiederherzustellen.

Ein Gespräch zwischen zwei oder mehreren Menschen kann als gelungen angesehen werden, wenn jeder offen seine Meinung und seine Wünsche geäußert hat, wenn die anderen die Botschaft verstanden haben und keiner verletzt oder verunsichert wurde. Damit das gelingt, sollte der Therapeut im Umgang mit dem Patienten und später der Patient im Umgang mit anderen Menschen einige grundlegende Spielregeln befolgen. So sollte jede Begegnung zwischen Patient und Therapeut drei Stadien durchlaufen: *Verbundenheit, Unterscheidung* und *Ablösung.*

Verbundenheit

Das Verständnis reicht oft viel weiter als der Verstand.
(Marie Ebner-Eschenbach)

Die anfangs wichtigste therapeutische Aufgabe ist es, einfach erst einmal nur da zu sein, zuzuhören und den Patienten in seiner Not anzunehmen. Jede Begegnung von Therapeut und Patient sollte mit *Verbundenheit* beginnen. Auf dieser Ebene der therapeutischen Arbeit sind vom Therapeuten die primären Aktualfähigkeiten der Liebesfähigkeit gefordert, vor allem Zeit, Geduld, Offenheit, Interesse, einfühlendes Verstehen, Hoffnung und Vertrauen. Allein schon eine solche Haltung wirkt heilsam und beruhigend, ganz besonders dann, wenn der Therapeut der einzige Mensch ist, mit dem der Patient offen sprechen kann. Die positive Einstellung des Therapeuten zeigt sich darin, daß er die Art, wie der Patient sein Leben bewältigt, erst einmal anerkennt und würdigt. Dazu eignen sich hervorragend positive, von Herzen kommende, ehrliche Deutungen. Dieses ganze Buch handelt von den positiven Aspekten von Ängsten und Depressionen und sollte für jeden Betroffenen, Therapeuten und Angehörigen genügend Anregungen für positive Deutungen enthalten.

Positiver Umgang mit schwierigen Therapiesituationen:
Ängstliche und depressive Patienten verhalten sich in der Therapie oft kindlich und anhänglich. Durch häufige Besuche und ausgiebige Klagen beim Arzt verlängern sie die Zeit des Kontaktes und erzeugen typischerweise Ungeduld und Verärgerung auf Seiten des Arztes. Wir nennen sie *primär-naive Typen.* In der Lebensgeschichte dieser Menschen lassen sich oft Mangelerfahrungen oder Überversorgung im Bereich der primären, emotionalen Fähigkeiten nach-

weisen. Die positive Deutung dieser Haltung löst den Teufelskreis von Kontaktbedürfnis und Ablehnung auf. Beispielsweise mit den Worten »Ich habe das Gefühl, daß Sie ein Mensch sind, der viel Kontakt, Liebe und Verständnis braucht« kann der Therapeut das Problem hinter den beklagten Beschwerden auf ehrliche und einfühlsame Weise ansprechen. Der Patient kann dann von seiner Symptomfixierung ablassen und steht alternativen therapeutischen Angeboten offener gegenüber.

Dem primär-naiven Typen stehen Patienten gegenüber, die gegen alle Therapien skeptisch sind, die alles ganz genau erklärt haben wollen, über ihre Krankheit alle verfügbare Fachliteratur kennen und die zu jedem Problem mehrere Ärzte oder Therapeuten konsultieren. Zu Lasten der primären Fähigkeiten sind bei ihnen die sekundären Fähigkeiten, zum Beispiel Verstand, Gewissenhaftigkeit und Ordnung besonders ausgeprägt. Wir nennen sie deshalb *überdifferenzierte Typen*. Auch sie sind durch Defizite in den frühkindlichen Beziehungen verunsicherte, emotional bedürftige Persönlichkeiten, die sich hinter einer *pseudounabhängigen* Fassade verbergen. Die positive Deutung ihrer normalerweise strapaziösen Haltung könnte lauten: »Sie haben die Fähigkeit, nichts dem Zufall zu überlassen und die Verantwortung für sich zu übernehmen. Wann ist ihr Vertrauen in andere Menschen oder Therapeuten erschüttert worden?« Auf diese Weise ist durch die Kruste der Sekundärfähigkeiten hindurch ein erster Zugang zu den abgewehrten emotionalen Themen möglich.

Die Stufe der *Verbundenheit* kommt in jeder Therapiestunde erneut zum Tragen, wenn sich der Therapeut in Ruhe die aktuellen Beschwerden und drängenden Probleme seines Patienten anhört. In der Regel nimmt aber der Druck der aktuellen Probleme im Lauf einer Psychotherapie ab. Patienten, die mit immer neuen Beschwerden und Problemen über einen längeren Therapiezeitraum aufwarten, verhindern damit erfolgreich, daß die Therapie zur nächsten Stufe fortschreitet. Doch auch das läßt sich positiv deuten, wenn der Therapeut beispielsweise sagt: »Ich habe den Eindruck, daß Sie sich bei mir wohl fühlen. Manchmal denke ich, vielleicht wollen Sie gar nicht gesund werden, weil wir uns dann nicht mehr so oft sehen würden.«

Im alltäglichen Umgang mit anderen Menschen lauten die Spielregeln zur Verbundenheit:

- *Hören Sie erst einmal zu. Lassen Sie den anderen ausreden.*
- *Versuchen Sie, richtig zu verstehen, was der andere meint.*
- *Wenn Sie sich nicht sicher sind, fragen Sie nach.*
- *Wiederholen Sie, was der andere sagte, in Ihren eigenen Worten.*
- *Auch wenn Sie mit dem, was der andere sagt, nicht einverstanden sind oder wenn Sie sich sogar ärgern, ist es gut, erst etwas Positives zu sagen. Das ist nicht immer leicht, aber mit etwas Übung wird es zu einer Routine, von der Sie in Ihren Gesprächen sehr profitieren werden.*

Jetzt folgen einige beispielhafte Kommentare, die vor der Darlegung der eigenen, kontroversen Position erst einmal Verbundenheit demonstrieren, indem sie die positiven Aspekte des Gesprächspartners herausstellen und ihm Wertschätzung entgegenbringen.

- Ich schätze Sie und Ihre Meinung sehr. Aber ich kann Ihnen in einem Punkt (noch) nicht folgen. (Danach sachliche Darlegung des eigenen Standpunktes.)
- Ich bin froh, daß wir wieder miteinander reden. Mir liegt es am Herzen, daß wir uns über diese Sache endlich verständigen.
- Es imponiert mir, wie leidenschaftlich du deine Ansichten vertrittst. Es ist spannend, sich mit dir zu streiten.
- Du weißt, daß ich deine beruflichen Erfolge bewundere und verstehe, daß du so viel unterwegs bist. Kannst du auch mich verstehen, daß ich wenigstens am Wochenende ein paar Stunden mit dir verbringen möchte?
- Wir sind uns doch in so vielen Punkten einig geworden. Es wäre doch gelacht, wenn wir in dieser Frage keine Lösung fänden, mit der wir beide leben können.

Auch die Krankheit läßt sich positiv deuten:

- Es ist für mich spürbar, mit welcher tiefen Emotionalität Sie auf Ihre Lebensprobleme reagieren. Diese Gefühlstiefe befähigt Sie aber sicher auch, mit großer Intensität Freude und Liebe zu erleben. Können Sie sich an Augenblicke erinnern, in denen Sie überglücklich waren? (Patient mit larvierter Depression)
- Ich glaube, Sie haben mir eine Vorstellung vermitteln können,

wie sehr Sie durch Ihre Angst am Leben gehindert werden. Ihre Angst beinhaltet aber auch die Fähigkeit, sich nicht der Illusion von Sicherheit hinzugeben. Wir werden zusammen versuchen zu verstehen, welche Gefahren Ihre Seele bedrohen.

- Sie leiden an einem nervösen Erschöpfungszustand, der Sie vielleicht vor weiteren Überforderungen schützen kann.
- Mit Hilfe des Alkohols ist es Ihnen bislang ganz gut gelungen, mit Ihren Sorgen ohne fremde Hilfe fertig zu werden. Wo haben Sie gelernt, daß Sie alle Probleme alleine bewältigen müssen?
- Sie sagen, daß Sie frigide sind. Das ist ein abscheuliches Wort. Ich würde es lieber die Fähigkeit nennen, mit dem Körper »nein« zu sagen.

Häufig manifestieren sich angesichts der Krankheit erstaunliche Qualitäten des Patienten, für die sich positive Deutungen folgender Art anbieten:

- Ich bewundere, mit welcher Tapferkeit Sie das alles so lange ertragen haben (Patient mit chronischer Polyarthritis).
- Das Erstaunliche ist nicht, daß Sie krank sind, sondern daß Sie angesichts all dieser Belastungen so lange so gut funktioniert haben. Sie müssen eine sehr stabile Natur haben (Mutter von drei Kindern, mit Berufstätigkeit und pflegebedürftiger Mutter, Erschöpfungsdepression).
- Wie schaffen Sie es nur, immer soviel Rücksicht zu nehmen und trotz der vielen Ungerechtigkeiten nicht öfter aus der Haut zu fahren (Patientin mit Neurodermitis).
- Ich bewundere Ihre Willenskraft und Selbstbeherrschung (Patientin mit Magersucht).
- Den Wert eines Diamanten erkennt man erst, wenn man ihn aus der Fassung bringt.

Die positiven Deutungen dürfen nicht mechanisch gegeben werden. Sie entstehen aus der Gefühlssphäre des Arztes. Wenn er keinerlei positive Perspektiven wahrnehmen kann, sind auch seine positiven Deutungen unangebracht. Verbundenheit läßt sich auch mit nichtsprachlichen Mitteln wirksam zum Ausdruck bringen:

- Begrüßung mit Händedruck und freundlichem Lächeln

- Anbieten eines bequemen Platzes (eine Sitzposition der Gesprächspartner über Eck ist verbindlicher, Gegenübersitzen ist konfrontativer)
- Anbieten von Getränken, gemeinsames Essen
- das Gespräch nicht sofort mit dem kritischen Punkt eröffnen, sondern erst kurz über ein neutrales oder – noch besser – verbindendes Thema sprechen, bevor man zur Sache kommt
- bei vertrauter Beziehung auch körperliche Berührungen (Händehalten, Umarmen, Streicheln)

Unterscheidung

Wer A sagt, muß nicht B sagen. Er kann auch erkennen, daß A falsch war.
(Bertolt Brecht)

Wenn sich im Stadium der Verbundenheit eine Atmosphäre des Vertrauens, der Wertschätzung, des Sich-Angenommen- und Verstanden-Fühlens entwickelt hat, ist der Patient oder Gesprächspartner am ehesten bereit, sich mit neuen und unbequemen Sichtweisen auseinanderzusetzen. Das Stadium der *Unterscheidung* ist das Kernstück der ärztlich-therapeutischen Arbeit. Auf dieser Ebene werden die bisherige Lebensorganisation, Einstellungen und Konzepte hinterfragt und die emotionalen Reaktionen gedeutet, vor allem auch jene der therapeutischen Beziehung. Ziel dieses Stadiums ist das emotionale und kognitive Lernen. Neue Einsichten und bislang unbekannte zwischenmenschliche Erfahrungen sollen in der Begegnung mit dem Therapeuten eine günstige Atmosphäre und Bewußtseinsbasis für die notwendigen Veränderungen in der Art der Lebensbewältigung schaffen.

Auf der Stufe der Unterscheidung gilt das *Realitätsprinzip*. Vom Patienten muß ein Mindestmaß an Belastbarkeit, Durchhaltevermögen, Frustrationstoleranz und die Bereitschaft, sich mit Angst und Trauer auseinanderzusetzen, erwartet werden können (*Ich-Stärke*). Hier sind neben den primären Aktualfähigkeiten besonders die sekundären Fähigkeiten wie Gehorsam, Zuverlässigkeit, Ehrlichkeit und Vernunft angesprochen. Patienten, die diese Disziplin nicht aufbringen wollen oder wegen schwerer Schäden ihrer

Persönlichkeit nicht aufbringen können, sind für eine Arbeit im dargestellten Sinne kaum geeignet.

Die therapeutische Beziehung als Modell

Selbstverständlich bringt jeder Patient die geheimen Wünsche, Erwartungen, Vorurteile, Ängste und Mißverständnisse, die seine persönlichen Beziehungen prägen, in die therapeutische Situation mit – wenn auch oft unbewußt, so daß sich im Laufe der Behandlung ganz ähnliche Schwierigkeiten im Umgang mit dem Therapeuten abzeichnen, wie sie der Patient sonst mit anderen Menschen hat. Das ist eine großartige Chance. Denn dadurch kann der Patient endlich konstruktiv an seinen Beziehungsproblemen arbeiten. Sie tauchen ja jetzt ganz konkret und greifbar im Kontakt mit einem professionellen Helfer auf, der gelernt hat, die auftretenden Probleme auszuhalten, und der über ein Instrumentarium verfügt, die Probleme zu verstehen und gemeinsam mit dem Patienten Lösungen zu ihrer Bewältigung zu suchen. In der Therapie geht es deshalb vorwiegend darum, daß Patient und Therapeut einen Weg finden, gut miteinander auszukommen. In dem Augenblick, in dem sich eine offene, vertrauensvolle und für beide Seiten befriedigende Atmosphäre entwickelt hat, geht es dem Patienten meistens schon viel besser. Die guten Erfahrungen mit dem Therapeuten und die neuen Möglichkeiten der Verständigung kann der Patient dann auf seine anderen Beziehungen anwenden.

Ein Dachgarten und zwei Welten
Auf dem Dachgarten eines Hauses schliefen in einer Sommernacht die Mitglieder einer Familie. Die Mutter sah, voll Mißgunst, daß ihre nur widerwillig geduldete Schwiegertochter und ihr Sohn eng aneinander geschmiegt schliefen. Diesen Anblick konnte sie nicht ertragen, weckte die beiden Schläfer und rief: »Wie kann man nur bei dieser Hitze so eng zusammenschlafen. Das ist ungesund und schädlich.« In der anderen Ecke des Dachgartens schliefen ihre Tochter und der verehrte Schwiegersohn. Beide lagen voneinander getrennt, mindestens einen Schritt weit auseinander. Fürsorglich weckte die Mutter die beiden und flüsterte: »Ihr Lieben, wie könnt ihr nur bei dieser Kälte so weit voneinander liegen, statt euch gegenseitig zu wärmen?« Dies hörte die Schwiegertochter. Sie richtete

sich auf und sprach mit lauter Stimme wie ein Gebet folgende Worte: »Wie allmächtig ist Gott. Ein Dachgarten und ein so unterschiedliches Klima.«

Übertragung und Gegenübertragung
Wie alle anderen Beziehungen wird auch das Verhältnis des Patienten zum Therapeuten von den Aktualfähigkeiten geprägt: von psychosozialen Normen, Konzepten und Erwartungen (siehe Seite 127 ff.). Der Patient erwartet zum Beispiel Zeit, Geduld und Kompetenz, der Therapeut dagegen Pünktlichkeit, Fleiß und Zuverlässigkeit. Die *Übertragung* von Gefühlen und Erwartungen des Patienten auf den Therapeuten und die *Gegenübertragung* des Therapeuten sind abhängig von den Erfahrungen beider zu ihren Vorbildern in früheren Objektbeziehungen.

Die psychotherapeutische Ausbildung sieht deshalb so entschieden umfangreiche *Selbsterfahrung* vor, damit sich Therapeuten ihrer eigenen Konzepte, Vorbilder, Konfliktfelder und Defizite bewußt sind. Dann können sie die emotionalen Prozesse, die sich in der therapeutischen Übertragung entwickeln, angemessen wahrnehmen, ansprechen und mit dem Patienten bearbeiten.

Die therapeutisch überaus wirksame Arbeit mit Übertragung und Gegenübertragung findet auf mehreren Ebenen statt. Zum einen achtet der Therapeut auf alle Störungen, die sich in der Beziehung mit dem Patienten ergeben. Wenn der Patient beispielsweise zu spät kommt, müde oder lustlos wirkt, lange schweigt oder regelmäßig am Ende einer Stunde noch mit einer dringenden Frage aufwartet, spricht der Therapeut dieses auffällige Verhalten an:

Therapeut: »Sie sind jetzt dreimal hintereinander zu spät gekommen. Zweimal haben Sie Ihren Termin kurzfristig abgesagt. Wie fühlen Sie sich heute dabei, zu spät gekommen zu sein?«
Patient (21 Jahre, Student): »Nicht so gut. Ich weiß, daß das nicht in Ordnung ist. Meine Freunde beklagen sich auch schon über meine Unpünktlichkeit.«
Therapeut: »Was glauben Sie, wie es mir geht, wenn ich auf Sie warte?«
Patient: »Ich denke, Sie ärgern sich schon etwas.«
Therapeut: »Vielleicht wollen Sie mich ärgern oder testen?«

Patient: »Eigentlich nicht.«

Therapeut: »Eigentlich heißt, daß Sie mich uneigentlich doch ärgern wollen.«

Patient: »Na ja, es ist schon interessant, zu sehen, wie Sie reagieren.«

Therapeut: »Wie soll ich reagieren?«

Patient: »Es ist nicht gut, wenn Sie mir alles durchgehen lassen. Aber wenn Sie mir Druck machen, erreichen Sie bei mir genau das Gegenteil.«

Therapeut: »Ich habe den Eindruck, daß es im Moment um Gehorsam geht. Haben Sie ein Problem mit Gehorsam?«

Patient: »O ja, mit meinem Vater. Wir haben ständig Krach, weil er immer noch meint, mir Vorschriften machen zu müssen.«

Therapeut: »Warum lassen Sie sich das gefallen? Sie sind schließlich erwachsen.«

Patient: »Mein Vater tut 'ne Menge für mich. Er unterstützt mich in vielen Dingen.«

Therapeut: »Sie haben also wirklich was zu verlieren, wenn Sie sich mit ihm überwerfen.«

Patient: »Ja, schon, aber ich will auch nicht mehr das Söhnchen sein, dem alles hinten und vorne reingeschoben wird.«

Therapeut: »Was wollen Sie von mir?«

Patient überlegt: »Ich will mit Ihnen über die Dinge sprechen, über die ich mit meinen Eltern und Freunden nicht sprechen kann.«

Therapeut: »Über Ihre Panikattacken.«

Patient: »Ja.«

Therapeut: »Nun, das tun wir seit sieben Wochen. Zwei Termine haben Sie ausfallen lassen. Einmal kamen Sie so spät, daß wir nur noch zwanzig Minuten hatten. Vielleicht sind Ihnen die Gespräche mit mir doch nicht so wichtig. Oder Sie haben Angst vor diesen Gesprächen?«

Patient: »Warum sollte ich vor Ihnen Angst haben?«

Therapeut: »Wie fühlen Sie sich gerade?«

Patient: »Normal.«

Therapeut: »Wie fühlt sich dieses ›Normal‹ an? Schließen Sie für einen Augenblick die Augen, und richten Sie Ihre Aufmerksamkeit in Ihren Körper.«

Patient: »Meine Brust vibriert. Es ist, als würde ein elektrischer Strom durch meinen Körper gehen.«

Therapeut: »Konzentrieren Sie sich auf die vibrierende Brust und auf den elektrischen Strom. – Was macht dieses Vibrieren mit Ihnen?«

Patient: »Das ist beunruhigend.«

Therapeut: »Was beunruhigt Sie in bezug auf mich?«

Patient: »Nichts soweit.«

Therapeut: »Was befürchten Sie von mir? Was wäre das denkbar Schlimmste, was ich tun oder denken könnte?«

Patient: »Ich habe von Ihnen nichts zu befürchten, weil Sie ja viele Leute mit 'ner Macke hier haben. Das sind Sie gewöhnt. Das ist Ihr Job.«

Therapeut: »Sie glauben also, daß ich denke, daß Sie eine Macke haben?«

Patient: »Ja klar, hab ich doch auch – oder nicht?«

Therapeut: »Alles, was ich bisher von Ihnen kennengelernt habe, führt mich zu der Überzeugung, es mit einem körperlich und geistig gesunden Mann zu tun zu haben. Sie sind nicht verrückt, auch wenn Sie manchmal das Gefühl haben, daß Sie es sind oder werden. Was Sie wirklich haben, ist ein Problem, das Sie im Augenblick nicht alleine lösen können.«

Patient schaut den Therapeuten prüfend an.

Therapeut: »Ich habe den Eindruck, Sie glauben nicht, was ich sage.«

Patient: »Sie wollen mich aufbauen.«

Therapeut: »Es ist nicht meine Aufgabe, Ihnen Nettigkeiten zu sagen. Was meinen Sie, wollen Sie, daß ich Ihnen offen sage, was ich über Sie denke?«

Patient atmet tief ein und aus: »Ich weiß nicht, ob ich wiederkommen würde, wenn Sie schlecht von mir denken.«

Therapeut: »Wobei könnte ich schlecht von Ihnen denken?«

Patient: »Sie könnten mich nicht ernst nehmen.«

Therapeut: »Was meinen Sie, nehme ich Sie jetzt, in diesem Augenblick ernst?«

Patient: »Ja, ich glaube schon.«

Therapeut: »Was fühlen Sie?«

Patient: »Etwas schwindlig im Kopf.«

Therapeut: »Es macht Sie schwindlig, wenn ich Sie ernst nehme?«

Patient: »Scheinbar. – Ich bin das nicht gewöhnt. Mein Vater und meine Mutter haben mich nie wirklich ernst genommen. Das hatte auch seine Vorteile. Ich hatte eine gewisse Idiotenfreiheit und habe viel Scheiße gemacht.«

Therapeut: »Was meinen Sie damit?«

Patient: »In der Schule zum Beispiel: Da habe ich ständig die Leute verarscht und den Lehrern Streiche gespielt. Ständig gab es Ärger, weil ich zu spät zum Unterricht kam. Sitzengeblieben bin ich auch.«

Therapeut: »Wenn ich Sie ernst nehme, macht es Ihnen wahrscheinlich nicht mehr so viel Spaß, bei mir Scheiße zu bauen.«

Patient: »Stimmt.«

Therapeut: »Wie fühlen Sie sich?«

Patient: »Ich muß lachen.«

Dieser Dialog zeigt, wie der Therapeut die Übertragung im Hier und Jetzt der Therapiesitzung aufklärt. Unbewußte Ängste und Erwartungen werden deutlich. Vor allem schafft dieses direkte Ansprechen der Gefühle Vertrauen. Vorsicht ist geboten, wenn der Patient signalisiert, daß ihn diese Offenheit bedroht. Die Offenheit in der Therapie darf generell nur so weit gehen, wie der Patient das will. Wenn der Patient ein Geheimnis nur preisgibt, weil er Angst hat, den Therapeuten nicht zufriedenzustellen, trägt diese erzwungene Offenheit nicht zum gegenseitigen Vertrauen bei.

Eine weitere Strategie bei der Übertragungsarbeit ist es, jene Schwierigkeiten, über die der Patient aus der Beziehung zu anderen Menschen berichtet, auf die therapeutische Situation zu beziehen. Einige Beispiele:

Patient: »Mein Partner versteht mich nicht.«

Therapeut: »Fühlen Sie sich von mir verstanden?«

Patient: »Meine Familie geht nicht auf mich ein.«

Therapeut: »Haben Sie das Gefühl, daß ich auf Ihre Bedürfnisse eingehe?«

Patient: »Den meisten Menschen kann man nicht vertrauen.«

Therapeut: »Vertrauen Sie mir?«

Patient: »Ich schäme mich für meine Angst.«

Therapeut: »Was glauben Sie, was ich über Sie denke?«
Patient: »Ich weiß nicht, worüber ich mich mit anderen Menschen unterhalten soll.«
Therapeut: »Worüber möchten Sie gerne mit mir reden? Was bewegt Sie? Was ist Ihnen wirklich wichtig?«

Familientherapie

Liebe ist wie ein Glas. Beide zerbrechen,
wenn man sie zu unsicher oder zu fest anfaßt.
(Russisches Sprichwort)

In der Paar-, Familien- und Gruppentherapie sind die wechselseitigen Übertragungen zwischen den Teilnehmern und von jedem Gruppenmitglied auf den Therapeuten weitaus vielfältiger. Die Dynamik der Familientherapie wird im folgenden Beispiel deutlich. Beachten Sie, wie der Therapeut wichtige Informationen aus dem sichtbaren Verhalten der Familienmitglieder gewinnt und verbalisiert.

Ein junges Elternpaar ist wegen Eheproblemen in der Paartherapie. Er leidet unter Herzangst, sie unter generalisierten Ängsten, depressiven Verstimmungen und Schlafstörungen. Seit der Geburt der Tochter, die mittlerweile vier Jahre alt ist, reden die Partner immer seltener miteinander. Zärtlichkeiten und intime Kontakte finden nicht mehr statt. Zur dreizehnten Therapiesitzung bringen sie erstmals ihr Töchterchen mit, weil sie keinen Babysitter finden konnten. Der Mann wählt seinen Platz auf einem zweisitzigen Sofa, die Frau setzt sich auf einen Sessel gegenüber. Der Therapeut nimmt auf dem noch freien Sessel zwischen den Eheleuten Platz, so daß er zu beiden über Eck sitzt. Der Mann sitzt an der dem Therapeuten abgewandten Seite des Sofas, so daß zwischen ihm und dem Therapeuten ein Platz frei bleibt. Das Kind spielt anfangs auf dem Fußboden. Die Partner schweigen und sehen ratsuchend zum Therapeuten.
Therapeut: »Sie sehen mich beide fragend an.«
Er: »Unser Problem ist noch nicht gelöst.«
Therapeut: »Sie meinen das Problem, daß Sie sich wünschen, wie-

der mit Ihrer Frau zärtlich zu sein, und Ihre Frau das nicht will.«

Er: »Ja.«

Therapeut: »Wie fühlen Sie sich?«

Er: »Unzufrieden.«

Therapeut zur Frau: »Und Sie?«

Sie: »Mir geht es ganz gut. Ich bin natürlich wie immer nervös.«

Therapeut: »Mir fällt auf, daß Sie sich Ihrem Mann gegenübergesetzt haben. Sie hätten ja auch beide auf dem Sofa Platz nehmen können.«

Sie: »Ich weiß auch nicht, warum ich hier sitze.«

Therapeut: »Wie ist das, wenn Sie zu Hause sind?«

Er: »Da hat jeder sein eigenes Sofa.«

Therapeut: »Sind Sie zu einem kleinen Experiment bereit?«

Beide nicken vorsichtig.

Therapeut zur Frau: »Was halten Sie davon, wenn Sie einmal ausprobieren, wie es ist, bei Ihrem Mann auf dem Sofa Platz zu nehmen?«

Sie zögernd: »Ja, kann ich probieren.

Therapeut: »Schauen Sie, ob Sie wollen oder nicht. Machen Sie bitte nichts mir zuliebe.«

Sie schaut unsicher zu Ihrem Mann, steht auf und sagt: »O. K. Ich kann es ja mal probieren.«

Während sie zum Sofa herübergeht, wechselt er schnell von einer Seite des Sofas zur anderen, so daß seine Frau auf der dem Therapeuten abgewandten Seite Platz nehmen kann. Die beiden sitzen steif und unsicher nebeneinander und sehen den Therapeuten an. Nach wenigen Sekunden steht das Mädchen vom Fußboden auf und klettert auf den Schoß des Vaters. Er faßt sie freundlich an den Händen und sagt: »Ich kann jetzt nicht mit dir spielen. Ich muß dem Doktor zuhören.« Daraufhin setzt sich das Kind zwischen die Eltern und sieht sehr zufrieden aus. Auch die Eltern wirken plötzlich wieder entspannter.

Therapeut: »Wie fühlen Sie sich?«

Beide bestätigen, daß sie sich wohl fühlen.

Therapeut zu ihm: »Warum haben Sie den Platz gewechselt? Ich war ganz überrascht.«

Er zuckt mit den Schultern.

Therapeut zu ihr: »Wie finden Sie, daß Ihr Mann Ihnen diesen Platz, der ja weiter von mir weg ist, überlassen hat?«

Sie: »Ich sitze lieber hier.«

Therapeut: »Was bedeutet das?«

Er lächelt: »Vielleicht wollte ich meine Frau vor Ihnen schützen.«

Alle lachen.

Therapeut: »Ist das nötig?«

Er: »Wenn Sie uns mit solchen Experimenten ärgern.«

Allgemeine Heiterkeit.

Therapeut: »Ich will Ihnen sagen, was ich beobachtet habe und was ich dazu denke: Zunächst war es für mich überraschend, wie Sie sich beide in unserem Experiment ohne Worte darüber verständigt haben, wer wo sitzt. Sie sind ein eingespieltes Paar. (Zu ihm gewandt) Sie beschützen Ihre Frau, wenn Sie sie bedroht sehen. (Zu ihr gewandt) Und Sie nehmen den Schutz Ihres Mannes gerne in Anspruch. Am erstaunlichsten für mich aber war, wie prompt Ihre Tochter intervenierte, als sich die Eltern zu nahe kamen. Sofort nahm sie den Vater in Besitz. Das ist völlig normal. Für Mädchen in diesem Alter ist der Vater überaus interessant. Sie buhlen um seine Aufmerksamkeit und machen gerne der Mutter Konkurrenz. Ihre Tochter hat es besonders gut. Sie hat erst die Mutter und dann den Vater ganz für sich allein. Die Kleine wacht eifersüchtig darüber, daß die Eltern getrennt bleiben. Schauen Sie nur, wie selbstverständlich und selbstbewußt sie dazwischensitzt. Aber auch Sie beide kommen mir deutlich entspannter vor, seitdem Ihre Tochter die gewohnte Trennung der Eltern wieder hergestellt hat. Wenn ich ein Gemälde einer glücklichen Familie malen wollte, könnten Sie mir so, wie Sie jetzt da zusammen sind, Modell sitzen.«

Die Partner sehen einander zufrieden an.

Sie: »Mein Mann und ich sind niemals wirklich ungestört. Früher hat mir das nichts ausgemacht. Da war ich mit meiner Tochter so ausgefüllt, daß ich gar kein Bedürfnis hatte, meinem Mann körperlich nahe zu sein. Aber jetzt denke ich schon öfter: Es wäre schön, wenn wir hin und wieder mal einen Abend für uns alleine hätten.«

Therapeut: »Ich bewundere, wieviel Rücksichtnahme Sie beide Ihrer Tochter entgegenbringen. Sie müssen das Kind wirklich über

alles lieben. Die Kleine macht auch auf mich einen ausgesprochen glücklichen Eindruck. Aber sie wird älter. Irgendwann muß sie auf die ständige Präsenz von Mutter und Vater verzichten lernen. Sie wird begreifen müssen, daß Mutter und Vater auch Bedürfnisse haben, und vor allem, daß Mutter und Vater zusammengehören.«

Sie: »In zwei Monaten geht sie in den Kindergarten. Dort besteht einmal in der Woche die Möglichkeit, daß die Kinder dort schlafen. (Zu ihrem Mann gewandt) Da können wir endlich mal wieder ausgehen – nur wir zwei.«

Sprache ohne Worte

Wie oft trennt uns das Wort, anstatt uns zu verbinden.
(Jacob Burckhardt)

Das vorangegangene Sitzungsprotokoll demonstriert anschaulich die Bedeutung der nonverbalen (nichtsprachlichen) Kommunikation. Nicht so sehr das, was das Paar und das Kind sagen, bringt Licht in die Eheproblematik, sondern das, was die Familienmitglieder mit ihren Körpern zum Ausdruck bringen. Die *Sprache des Körpers* ist weitgehend unbewußt und immer ehrlich. Und die Sprache des Körpers wird in der Regel auch unbewußt wahrgenommen. Wer seine Kommunikationsfähigkeit trainieren will, muß die Körpersprache, die eigene und die anderer, beobachten lernen.

Sie können sofort damit beginnen, die Mimik, Körperhaltung und die Gesten anderer Menschen zu studieren. Das ist ein unterhaltsames und lehrreiches Spiel, das Sie auch gemeinsam betreiben können. Setzen Sie sich zum Beispiel in ein Café oder auf einen öffentlichen Platz, wählen Sie einen Menschen oder ein Paar oder eine Gruppe, die Sie interessant finden. Beobachten Sie einfach jede Bewegung und versuchen Sie zu deuten, was der Körperausdruck bedeuten könnte. Ideal ist es, wenn Sie sich über Ihre Beobachtungen und Vermutungen mit jemand anderem austauschen. Dadurch überprüfen Sie sich wirksam. Sie können auch Leute beobachten, die Sie kennen und diese hinterher fragen, was Sie gefühlt oder gedacht oder worüber sie gesprochen haben. Natürlich können Sie auch ein Körpersprachseminar besuchen oder eines der vielen

Bücher über dieses Thema lesen. Aber das ständige Training der eigenen Beobachtungsfähigkeit wird immer der entscheidende Schritt bleiben.

Wenn Sie gelernt haben, am Körperausdruck anderer Menschen abzulesen, was diese wollen oder nicht wollen, ob diese sich wohl fühlen oder etwa Angst haben, werden Sie viele Mißverständnisse, die durch die Vieldeutigkeit und Manipulierbarkeit der Wortsprache entstehen können, vermeiden können. Das kommt Ihnen besonders in jenen Beziehungen zugute, in denen es um subtile Empfindungen geht: Partnerschaft, Familie, Geschäftsbeziehungen, Beziehungen zu den Kollegen, Vorgesetzten oder Mitarbeitern, mit denen Sie täglich zurechtkommen müssen.

Der Höflichkeits-Ehrlichkeits-Konflikt

Nicht diejenigen, die nicht mit dir übereinstimmen, mußt du fürchten, sondern diejenigen, die nicht mit dir übereinstimmen und die zu feige sind, es dich wissen zu lassen.
(Napoleon I.)

Selbst wenn Sie gelernt haben, jeden und alles zu verstehen, sind Sie dadurch noch nicht in der Lage, erfolgreich zu kommunizieren. Es bedarf zusätzlich der Fähigkeit, angemessen mit dem Grundproblem jeder Kommunikation, dem *Höflichkeits-Ehrlichkeits-Konflikt*, umzugehen. Vor allem Menschen mit Ängsten und Depressionen wagen oft nicht, ihre Interessen kraftvoll zu vertreten oder aggressive Gefühle zu äußern. Zu groß ist ihre Befürchtung, die Zuneigung anderer zu verlieren und alleine dazustehen. Der Depressive gleicht einem Dampfkessel, dessen sämtliche Ventile verschlossen sind. Nach außen hin scheinbar ruhig und höflich, steht er fortwährend in der Gefahr, durch explosive Reaktionen seinem Leben ein Ende zu setzen.

Nun kann die Lösung nicht in einem undifferenzierten Einüben aggressiven Verhaltens liegen. Denn ungebremste Wut, Rücksichtslosigkeit und verletzende Offenheit kann leicht eine Beziehung zerstören. Insofern ist die Angst des Depressiven zum Teil durchaus berechtigt. Aber auch die Unterdrückung aggressiver Impulse bedroht die Beziehung, weil sich das Unausgesprochene so lange aufstaut, bis einer der Beteiligten psychosomatisch erkrankt oder sich der Frust in einem unkontrollierbaren Krach entlädt.

Bei der Äußerung von eigenen Bedürfnissen, Unmut oder Kritik sind deshalb folgende »Spielregeln« zu beachten:

- Wenn Sie sich ärgern, versuchen Sie, nicht sofort zu reagieren. Warten Sie, bis die erste Woge Ihrer körperlichen Reaktionen vorüber ist. Atmen Sie tief in die Stelle Ihres Körpers hinein, an der Sie die Erregung am deutlichsten fühlen.
- Warten Sie ab, bis Sie sich wieder beruhigt haben, aber auch nicht länger. Das Problem darf nicht »verjähren«. Wählen Sie den nächstmöglichen Zeitpunkt, das kritische Thema anzusprechen. Jede Stunde, in der Sie das ungelöste Problem mit sich herumschleppen, belastet Sie und Ihre Gesundheit.
- Bevor Sie das Problem ansprechen, überlegen Sie, *was* Sie sagen und *wie* Sie es sagen wollen. Überlegen Sie auch, welche nachteiligen Konsequenzen Ihre Offenheit haben könnte. (Was kann Ihnen schlimmstenfalls passieren?) Beraten Sie sich darüber gegebenenfalls mit Menschen Ihres Vertrauens.
- Denken Sie auch immer daran, welche Konsequenzen es haben wird, wenn Sie das Thema weiterhin vermeiden: Das Problem wird Ihnen mit großer Wahrscheinlichkeit immer wieder begegnen und Sie belasten.
- Wenn Sie sich entschlossen haben, Offenheit zu wagen, beginnen Sie mit etwas, was Sie an der kritisierten Person schätzen. Loben Sie Teilaspekte des anderen. Erst danach äußern Sie, was Sie stört.
- Sprechen Sie in erster Linie von sich selbst, wie *Sie* das Problem wahrgenommen und erlebt haben, was *Ihnen* weh getan hat, welches *Ihrer* Bedürfnisse übergangen wurde. Drücken Sie *Ihre* Gefühle aus (zum Beispiel: Wenn du zu spät kommst, schnürt es mir den Hals zu).
- Vermeiden Sie wertende Aussagen über Ihren Gesprächspartner (zum Beispiel statt: »Du bist ein Egoist«, besser: »Dein Verhalten empfinde ich als egoistisch«).
- Laute Worte, Wut und Aufregung sind nicht zwangsläufig schlecht. Manchmal bedarf es eines Paukenschlags, um dem anderen die Dringlichkeit eines Anliegens zu verdeutlichen. Wenn

in einer Partnerschaft gelegentlich die Türen knallen, Tränen fließen oder gebrüllt wird, bedeutet das nicht, daß diese Beziehung nicht funktioniert.

Die Grundbedingung einer funktionierenden Kommunikation ist die gegenseitige Achtung der Gesprächspartner. Jeder hat das Recht
- Gefühle und Bedürfnisse zu haben und zu äußern
- Meinungen und Vorstellungen zu haben und zu äußern
- nein zu sagen
- Kritik zu äußern
- Fehler zu machen
- Entscheidungen zu fällen oder nicht zu fällen
- persönliches Wissen und eigene Erfahrungen zu haben.

Der Höflichkeits-Ehrlichkeits-Konflikt tritt auch in der Beziehung zwischen Patient und Therapeut hervor: Einerseits soll der Patient die Erfahrung machen, daß die Äußerung seiner aggressiven Gefühle und Gedanken auf keine Ablehnung, sondern auf Wohlwollen, Verständnis und Anteilnahme stoßen. Das heißt, wir dürfen die therapeutische Wirkung nicht unterschätzen, die ein solches Sich-frei-Sprechen in sich birgt. Andererseits ist vom Therapeuten Echtheit, Ehrlichkeit, Offenheit und Konfrontation gefordert. Denn letztendlich soll der Patient ja inadäquate Verhaltensweisen und Affekte sowie unrealistische Einstellungen korrigieren. Der Therapeut benötigt viel Einfühlungsvermögen und Erfahrung, um einerseits Klarheit zu schaffen und andererseits den Patienten dabei nicht zu brüskieren, zu überfordern oder zu kränken.

Ablösung

Wenn der eine nicht will, können zwei nicht miteinander streiten.
(Lao-tse)

Das Modell der drei Interaktionsstadien kann als Maßstab für jede vollständige und gelungene Kommunikation dienen: Es läßt sich auf die drei Fragen zusammenfassen:
- Was haben wir gemeinsam? (Verbundenheit)

- Worin sind wir uns nicht einig? (Unterscheidung)
- Wie können wir uns angesichts dieser Gemeinsamkeiten und Unterschiede arrangieren und unsere Beziehung erhalten? (Ablösung)

Am Ende jeder Therapiestunde heißt es, Abschied zu nehmen und dennoch in Kontakt zu bleiben. Die Fähigkeit, Verbundenheit mit jemandem zu fühlen, obwohl man räumlich getrennt ist, nennt man *Objektkonstanz*. Ich trage quasi das gute Bild des anderen in mir und kann so das Getrenntsein ertragen.

Menschen mit Ängsten und Depressionen fällt der Abschied am Ende der Therapiestunde oft schwer. Wie kleine Kinder fühlen sich diese Menschen alleine schutz- und hilflos. Die lapidare Feststellung mancher Psychoanalytiker: »Die Zeit ist um«, scheint uns daher zur Beendigung einer Sitzung ungeeignet. Vielmehr sollte der Therapeut rechtzeitig klären, was in der Stunde unbewältigt und offen geblieben ist. Mit der Frage: »Was hat Sie in der heutigen Sitzung besonders angesprochen oder bewegt?« gibt der Therapeut dem Patienten die Möglichkeit, die Stunde zusammenzufassen. Auf diese Weise erhält er eine Rückmeldung, wie weit der Patient das therapeutische Angebot verarbeiten konnte. Zum Schluß eignet sich die Frage: »Worüber möchten Sie sich das nächste Mal mit mir unterhalten?« Damit wird der Bezug zur nächsten Sitzung hergestellt. Der Patient erfährt, daß es weitergeht, und das gibt ihm Hoffnung.

Irgendwann steht die *völlige Ablösung* des Patienten vom Therapeuten an. In der Positiven Psychotherapie, die sich als Hilfe zur Selbsthilfe versteht, wird der Aspekt der Ablösung frühzeitig, das heißt bald nach der emotionalen und körperlich-vegetativen Stabilisierung des Patienten, angesprochen. Im Gegensatz zum psychoanalytischen Vorgehen, das durch eine hohe Zahl und eine hohe Frequenz von Therapiestunden eine generelle Regression (vorübergehende Rückkehr in die kindliche Erlebenswelt) fördert, strebt die Positive Psychotherapie nur eine *partielle, auf den konflikthaften Fokus beschränkte Regression* an. Nur in diesem Teilaspekt übernimmt der Therapeut vorübergehend eine tragende, Ich-stützende Funktion. Wobei die Betonung immer auf der Eigenverantwortlichkeit des Patienten liegt.

Partnergruppe – Familiengruppe

Es gibt Besserwisser, die niemals begreifen,
daß man recht haben und doch ein Idiot sein kann.
(Martin Kessel)

Die Ablösung vom Therapeuten setzt voraus, daß der Patient selbständige Wege der Konfliktbewältigung erlernt hat. Denn Konflikte in der Ehe, Familie oder am Arbeitsplatz haben die Neigung, wie Geschwüre zu wuchern und in Bereiche einzudringen, die zunächst nicht davon betroffen sind. Zuletzt ist die gesamte Atmosphäre vergiftet, und das weitere Zusammenleben scheint unmöglich. Um dieser Tendenz entgegenzuwirken, bietet es sich an, eine Partner- oder Familiengruppe einzurichten. Die Partner oder die Familie beschließen, zu festgelegten Zeiten (zum Beispiel zweimal pro Woche abends von 18 bis 19 Uhr) Probleme zu besprechen und die Zeiträume dazwischen von Streitigkeiten freizuhalten. Alle haben die beruhigende Gewißheit, daß sie regelmäßig Gelegenheit bekommen, ihre Wünsche und Klagen zu äußern und Gehör zu finden. Dadurch wird vermieden, daß Streitigkeiten immer sofort und emotional erhitzt ausgefochten werden. Die konfliktfreien Lebensbereiche bleiben auf diese Weise als Inseln der Verbundenheit, Harmonie und Sicherheit erhalten. Die Gruppe achtet die oben dargestellten Spielregeln, an die sich die Gruppenmitglieder gegenseitig erinnern. Zunächst jedoch wird die Familiengruppe kaum auf die Unterstützung durch einen Therapeuten verzichten können. Der Therapeut übt mit den Partnern oder der ganzen Familie einen konstruktiven Stil der Verständigung und Konfliktbewältigung ein. Die ersten Gruppengespräche finden deshalb am besten in der Praxis des Therapeuten statt. Grundsätzlich besteht auch die Möglichkeit, daß der Therapeut die Familie zu Hause besucht.

In der Partner- oder Familiengruppe müssen von jedem Beteiligten am Anfang vor allem folgende Fragen geklärt werden:
• Ist das Problem zu lösen?
• Will ich überhaupt etwas ändern?
• Kann mein Partner meinen Erwartungen entsprechen?
• Will sie / er eine Lösung des Problems?
• Habe ich schon Versuche einer Problemlösung unternommen?

- Sehe ich unsere Situation offen und ehrlich?
- Bringe ich meine Meinung ehrlich zum Ausdruck?
- Bin ich bereit, meinem Partner zuzuhören?
- Bin ich bereit, meinem Partner Zeit zu geben und mir selbst Zeit zu nehmen?
- Erwarte ich, daß Veränderungen sofort erfolgen?

Hervorragend eignen sich für die therapeutisch geleitete Partner- oder Familiengruppe Techniken des Psychodramas und Rollenspiele. Die Familienmitglieder spielen Konfliktsituationen nach. Sie beschreiben in diesem geschützten Rahmen ihre Gefühle, Ängste und Gedanken. Ideal ist auch ein Rollentausch, der den Mitgliedern hilft, sich in die Situation des jeweils anderen hineinzuversetzen. Schließlich werden von allen gemeinsam Alternativen für die Problembewältigung erarbeitet.

Die Partner- oder Familiengruppe macht nur dann Sinn, wenn *alle* Beteiligten ernsthaft bereit sind mitzumachen. Verweigert ein Familienmitglied die Teilnahme, so ist das der deutlichste Ausdruck dafür, daß es keine Veränderung möchte oder massive Angst davor hat. Es ist also sinnlos, seinen Widerstand brechen zu wollen. Vielmehr sollten diejenigen, die sich Veränderungen im Zusammenleben wünschen, nach Lösungen suchen, notfalls unabhängig von der sich widersetzenden Person.

Je besser die Verständigung in der Paar- oder Familiengruppe funktioniert, desto unabhängiger wird das Paar oder die Familie vom Therapeuten. Es können auch Freunde, Verwandte oder andere Menschen sein, zu denen der Patient – nach dem Vorbild der therapeutischen Beziehung – nach und nach einen vertrauteren Kontakt entwickelt. Diese Menschen ergänzen oder ersetzen schließlich die therapeutische Beziehung.

5. Zielerweiterung: Der Mensch braucht eine Vision

Wenn es keine Wahrheit gäbe, könnten wir uns auch nicht irren.
(Karl Popper)

»Alles fließt, nichts besteht«, soll Heraklit im sechsten Jahrhundert vor Christus gesagt haben. Von ihm stammt auch der Ausspruch: »Wir können nicht zweimal in denselben Fluß steigen« (denn neue Wasser sind inzwischen herangeströmt, und auch wir sind beim zweitenmal schon andere geworden). Heraklit konfrontiert uns mit dem unausweichlichen Gesetz des ständigen Wandels allen Seins. Kein Lebewesen, kein Gegenstand ist davon ausgenommen. Das ist beunruhigend. Wir haben dargestellt, wie die Angst vor Veränderung und einer ungewissen Zukunft (siehe Seite 136ff.) die Lebenskräfte lähmen und zu Depressionen führen kann. Menschen mit Ängsten und Depressionen kranken an einer verhängnisvollen Einengung ihrer Phantasie. Ihr Leben spielt sich in der andauernden Wiederholung ihrer Konflikte, Zwänge, Gedanken, Klagen und Symptome ab. *Ihre Zukunft ist nichts als die Kopie ihrer Vergangenheit*, eine trostlose Perspektive. Depressive besitzen zudem oft die erschreckende Fähigkeit, jeglichen Sinn zu ignorieren und damit den existentiellen Ängsten des Lebens offen und zugleich ungeschützt gegenüberzutreten.

Das Gegenkonzept, das die fünfte und abschließende Stufe der Positiven Psychotherapie vermitteln soll, ist die *Lust auf Veränderung*, die sich in unseren Träumen und Plänen manifestiert. Es gilt, das natürliche menschliche Streben nach Erweiterung des Wissens, Gestaltung der Welt und Verbesserung unserer Lebensbedingungen zu entfalten. Die menschliche Intuition und Vorstellungskraft erschafft zahllose neue, in der Realität noch nicht existierende Bilder, Tonfolgen und gedankliche Gebäude, die die Quelle von Kreativität, Kunst, Liebe, Humor und Wissenschaft sind. Es geht um den Mut zur Verwirklichung der eigenen Phantasie und um die Entwicklung neuer Interessen.

Wenn wir weit in die Zukunft blicken, berühren wir zwangsläufig die philosophische und religiöse Dimension. Die Auseinandersetzung mit Sinn- und Glaubensfragen stellt nach unserer Auffassung ein Grundbedürfnis und eine Grundfähigkeit der menschlichen Existenz dar. Wir können und wir müssen über unsere eigene Existenz hinausdenken. Der große christliche Mystiker des Mittelalters, Meister Eckhart, verkündete, daß nur derjenige Gott unmittelbar erfahren werde, dessen Gottessehnsucht so mächtig sei, daß er an nichts anderes mehr denken wolle als an Gott. Müssen wir Gott kraft unseres Willens selbst erschaffen? Oder ist Gott ein tief in unserer Seele verwurzelter Archetyp, eine Urerfahrung des Menschengeschlechts, der wir uns durch spirituelle Techniken der Meditation und Selbstentäußerung nähern können? Die Stufe der Zielerweiterung schafft das Bewußtsein dafür, daß jeder Mensch eine Vision für sein Leben und über sein Leben hinaus braucht, um wachsen zu können. Stellen Sie sich selbst die folgenden Fragen:

- Was würden Sie jetzt tun, wenn Sie keine Ängste und Depressionen mehr hätten?
- Stellen Sie sich vor, alle Ihre derzeitigen Sorgen und Nöte wären gegenstandslos, Sie wären frei und unbeschwert. Was würden Sie tun?
- Was ist Ihr sehnlichster Wunsch, welche Ihre kühnste Phantasie?
- Haben Sie ein Idealbild von sich selbst oder ein Vorbild, dem Sie nacheifern?
- Stellen Sie sich vor, Sie sind alt und fühlen, daß Sie bald sterben müssen. Was wollen Sie vollbracht haben? Auf was für ein Leben wollen Sie in Ihrer Sterbestunde zurückblicken?
- Wie bereiten Sie sich auf Ihren Tod vor?
- Wie stellen Sie sich den Zustand nach Ihrem Tod vor?

Empfehlungen für Therapeuten

Nicht selten sind oder waren seelisch kranke Menschen künstlerisch aktiv. Lassen Sie sich deren Schöpfungen: Zeichnungen, Gemälde, Geschichten, Gedichte, Romane, Kompositionen mitbringen. Sie werden viel erfahren und verstehen von den geheimen Wünschen, Sehnsüchten und Ängsten Ihres Patienten.

Sprechen Sie mit Ihren Patienten über die Zukunft, den Lebenssinn und das Leben nach dem Tod. Vielleicht bereitet es Ihnen Unbehagen, dieses Tabuthema anzuschneiden, weil es Ihnen selbst angst macht und Sie selbst kein verläßliches Konzept für seine Bewältigung haben. Fühlen Sie sich bitte nicht verpflichtet, absolute und verbindliche Antworten zu geben. Die müssen Sie in einer Zeit des Pluralismus von Religionen und Weltanschauungen schuldig bleiben. Wichtig ist nur, *daß* Sie mit Ihren Patienten überhaupt darüber sprechen. Allein das Sich-Mitteilen hat heilsame Wirkung. Ermutigen Sie den Patienten, sich mit diesen drängenden Fragen auseinanderzusetzen und eigene Antworten zu finden. Fordern Sie ihn auf, mit anderen über diese Themen zu sprechen und die Antworten von religiösen Lehrern oder Philosophen zu studieren. Es kann hilfreich sein, wenn Sie über Ihren eigenen Glauben sprechen.

Manchmal fragen die Patienten direkt: »Was ist der Sinn des Lebens?« Die Antwort kann nur sein: »Der Sinn ist der, den Sie selbst dem Leben geben.« Die Antwort kann jeder letztlich nur in sich selbst finden. Und dazu bedarf es des Entschlusses zur Sinnhaftigkeit. Der Therapeut kann dem Patienten beistehen, in sein Inneres zu hören und zu erkennen, was er wirklich will oder nicht will, wofür er geeignet ist und wofür nicht, was zu seinem Naturell paßt und wobei er sich am besten fühlt. In letzter Konsequenz ist der Patient aber selbst verantwortlich. Und es ist gut, wenn er an seine Eigenverantwortung erinnert wird, sobald er im Begriff ist, sie zu vergessen.

Heraklit erkannte hinter der verwirrenden Vielfalt, Widersprüchlichkeit und Unbeständigkeit der Welt eine Einheit, ein einheitliches Gesetz, eine göttliche Ordnung, die er *Logos* nannte. Den Menschen ist es aufgegeben, den Logos zu erkennen; oder, wie es Karl Popper ausdrückt, in der unablässigen Anstrengung von Versuch und Irrtum der Wahrheit näher zu kommen. Die Liebe zur Selbst-, Welt- und Gotterkenntnis bewahrt die Menschen davor, sich an Gewohnheiten, Begehrlichkeit, Langeweile und Gleichgültigkeit zu verlieren.

Zusammenfassung:
Informationsblatt für Patienten

»Alle wollen in den Himmel, aber niemand will sterben.«

Angst ist nicht weniger, aber auch nicht mehr als ein äußerst unangenehmer körperlicher Erregungszustand, der den Betroffenen glauben macht, es ginge um Leben und Tod. Angst ist aber todsicher ungefährlich. Wirklich gefährlich ist nur der Verlust an Lebensfreude (Depression), wenn man vor der Angst kapituliert. Die völlige Befreiung von Angst und Depressionen ist weder möglich noch sinnvoll. Es kann nur darum gehen, mit der Angst zu leben – und zwar gut. Das allerdings ist anstrengend. Sie werden tüchtig ins Schwitzen kommen, wenn Sie Ihrer Angst zu Leibe rücken.

Am Anfang jeder Behandlung von Ängsten und Depressionen muß sicher ausgeschlossen werden, daß eine körperliche Krankheit als Ursache vorliegt. Aber selbst wenn keine organische Krankheit festzustellen ist, spielt der Körper bei Ängsten und Depressionen eine zentrale Rolle. Denn Angst äußert sich vor allem über den Körper (Herzklopfen, Schwitzen, Schwindel, flaues Gefühl im Magen, Zittern usw.). Umgekehrt können wir Ängste sehr gut über den Körper, insbesondere über das vegetative Nervensystem, beeinflussen.

Was können Sie selbst tun, um Ihren Körper – und damit auch Ihre Seele – zu stabilisieren?
• Vermeiden Sie alles, was Sie auf Dauer schwächt: Alkohol, Nikotin, Drogen, Medikamente (außer denen, die Ihnen Ihr Arzt verordnet).

- Übertreibungen, sei es bei der Arbeit, beim Sport, Essen oder Sonnenbad schaden Ihnen. Maßhalten ist eine der wichtigsten, aber auch schwierigsten Grundlagen seelischen Gleichgewichts.
- Ernähren Sie sich vollwertig: Essen Sie überwiegend pflanzliche, naturbelassene Nahrung, z. B. Gemüse, Kartoffeln, Salate, Vollkornprodukte, Milchprodukte, Obst. Verzichten Sie auf Zucker und alle Süßigkeiten (Zuckergenuß entzieht dem Körper Vitamine und Mineralien. Die Darmflora wird geschädigt und Pilzwachstum gefördert. Der Blutzuckerspiegel schwankt stark und beeinträchtigt die Gehirnfunktion. Auf Dauer werden Gefäße und Nerven geschädigt.) Ersetzen Sie Zucker durch den maßvollen Genuß von Früchten, Rosinen, Datteln, Feigen und Nüssen.
- Versorgen Sie sich ausreichend mit Vitaminen des B-Komplexes, Magnesium und Zink. Diese Vitamine und Mineralien fördern und stabilisieren die Nervenfunktion.
- Regeln Sie Ihren Tagesablauf. Achten Sie auf genügend Schlaf und Zeit für die Mahlzeiten. Nehmen Sie sich hinreichend Zeit für Menschen, die Ihnen etwas bedeuten, für Freizeit und Erholung.
- Treiben Sie regelmäßig, aber maßvoll Sport, am besten Ausdauersportarten wie Laufen, Fahrradfahren und Schwimmen. Ihr Puls pro Minute sollte nicht über einen Wert von 180 minus Ihr Lebensalter gehen. Trainieren Sie zwei- bis dreimal pro Woche für 30 bis 60 Minuten. Quälen Sie sich nie. Sport muß Spaß machen. So haben Sie einen optimalen Nutzen für Ihre Gesundheit.

Welche grundlegenden Schritte muß ich gehen, um mit meiner Angst fertig zu werden?
- Vertrauen Sie sich jemandem an. Wenden Sie sich an einen psychotherapeutisch versierten Arzt. Nutzen Sie alle Möglichkeiten zum Gespräch auch in Ihrem Familien- und Freundeskreis. Versuchen Sie Menschen zu finden, die auch an Angst leiden oder gelitten haben. Die Chance, alleine aus dem Teufelskreis der Angst herauszufinden, ist nicht groß. Verlieren Sie nicht weiter kostbare Zeit und Energie.
- Schauen Sie sich das Drama in Ihrem Inneren genau an. Am besten schreiben Sie genau auf, wie sich Ihre Angst körperlich an-

fühlt, wo Sie sie wie spüren, welche Gedanken Ihnen durch den Kopf gehen, was Sie tun und sagen. So werden Sie mit Ihrer Angst vertraut und lernen sie allmählich immer besser kennen. Je besser Sie Ihre Angst kennen, desto besser werden Sie mit ihr fertig.

- Erwarten Sie keine Wunder. Selbstbewußtsein und Lebensfreude gibt es nicht zum Nulltarif. Der Weg aus der Angst ist mühselig und erfordert Ihren ganzen Einsatz. Letztlich wird Ihnen nichts anderes übrig bleiben, als – am besten mit professioneller Unterstützung – genau das zu tun, was Ihnen angst macht. Sie werden oft das Verlangen haben, aufzugeben, nicht mehr zur Therapie zu gehen, sich zu verkriechen oder gar Ihrem Leben ein Ende zu setzen. Gerade in diesen Augenblicken aber stehen Sie meist vor einem entscheidenden Durchbruch. Wenn Sie durch die Abgründe Ihrer Seele und Ihres Lebens hindurchgegangen sind, werden sich vor Ihnen neue und unerwartet lebenswerte Welten auftun.

Eine Geschichte zum Schluß

Die »Heilung« des Kalifen
Eine schwere Krankheit hatte den König befallen. Alle Behandlungsversuche schlugen fehl. Der große und bekannte Arzt Rasi wurde schließlich zu Rate gezogen. Er versuchte zu Beginn alle überlieferten Behandlungsformen, doch ohne Erfolg. Schließlich bat Rasi den König, ihn die Behandlung so durchführen zu lassen, wie er es für richtig finde. In seiner Hoffnungslosigkeit stimmte der König zu. Rasi bat den König, ihm zwei Pferde zur Verfügung zu stellen. Die schnellsten und besten Tasipferde wurden herbeigeschafft. Am frühen Morgen des folgenden Tages befahl Rasi, den König in das bekannte Bad »Jouze Mullan« in Buchara zu bringen. Da sich der König nicht bewegen konnte, trug man ihn auf einer Sänfte. Im Bad angekommen, hieß Rasi den König, sich zu entkleiden, und befahl, daß alle Diener des Königs sich so weit wie möglich vom Bad entfernen sollten. Die Diener zögerten, zogen sich aber zurück, als der König ihnen zu verstehen gab, daß sie so handeln sollten, wie der Hakim es ihnen befahl.

Die Pferde ließ Rasi vor dem Eingang des Bades festbinden. Zusammen mit einem seiner Schüler legte er den König in eine Wanne und übergoß ihn in schneller Folge mit heißem Wasser. Zugleich flößte er ihm heißen Sirup ein, der die Temperatur des Kranken erhöhte. Nachdem dies geschehen war, zogen sich Rasi und sein Schüler an. Rasi stellte sich vor dem König auf und begann plötzlich, diesen auf die übelste Weise zu beschimpfen und zu beleidigen. Der König war schockiert und regte sich in seiner Hilflosigkeit fürchterlich auf über diese Unhöflichkeit und ungerechte Beschuldigung. In seiner ungeheuren Erregung bewegte sich der König. Als Rasi dies sah, zog er sein Messer, trat nahe an den König heran und drohte, ihn umzubringen. In seiner Angst versuchte sich der König zu retten, bis ihm seine Furcht plötzlich die Kraft gab, aufzustehen und zu fliehen. In diesem Augenblick verließ Rasi schnellstens den Raum und floh zusammen mit seinem Schüler auf dem Rücken der Pferde aus den Mauern der Stadt.

Der König brach erschöpft zusammen. Als er von seiner Ohnmacht wieder erwachte, fühlte er sich freier und konnte sich bewegen. Noch vom Zorn beladen, schrie er nach seinem Diener, ließ sich ankleiden und ritt zu seinem Palast zurück. Die versammelten Menschen jubelten, als sie ihren König frei von seinen Gebrechen sahen. Acht Tage später erreichte den König ein Brief des Arztes, in dem er seine Vorgehensweise erklärte.

»Ich habe zunächst alles gemacht, was ich als Arzt gelernt hatte. Als dies keine Früchte brachte, erhitzte ich deinen Körper künstlich und gab dir über deinen Zorn die Kraft, deine Glieder zu bewegen. Als ich sah, daß deine Heilung begonnen hatte, verließ ich die Stadt, um deinem strafenden Arm zu entfliehen. Ich bitte dich, mich nicht zu dir zu holen, da ich mir der ungerechten und gemeinen Beleidigungen bewußt bin, die ich dir in deiner Hilflosigkeit zugefügt habe und für die ich mich abgrundtief schäme.«

Als der König dies vernahm, erfüllte tiefe Dankbarkeit sein Herz, und er bat den Arzt, zu ihm zu kommen, damit er ihm seine dankbaren Gefühle beweisen könne.

Anhang

Selbstbeobachtungskalender

von N. Peseschkian und H. Deidenbach

Mit Hilfe dieses Kalenders können Sie einen Überblick gewinnen:
- Wo liegen meine Hauptinteressengebiete?
- Welches sind meine »allergischen« Punkte?
- Welche Eigenschaften und Verhaltensweisen sind entwicklungsfähig?
- Wie gehe ich mit einzelnen Bereichen in meinem Leben um?

Jeder Mensch, unabhängig von Geschlecht, Alter und Herkunft, kann Aktivitäten in vier Bereichen entfalten. Die Fragen lauten:
1. Was tue ich für und mit meinem KÖRPER und meinen SINNEN?
2. Wie komme ich in meinem BERUF zurecht?
3. Welcher Art sind meine KONTAKTE im privaten Bereich?
4. Wie sehe ich meine ZUKUNFT, welche Ziele habe ich?

Der Kalender ist in vier Abschnitte (1.–4.) eingeteilt. An 14 aufeinanderfolgenden Tagen können Sie sich selbst beobachten und abends als »Tages-(Rück-)Schau« Ihre Eintragungen machen:
- Meinen Sie, daß Sie sich bei einer Eigenschaft (»Aktualfähigkeit«) oder einer Verhaltensweise aktiv oder passiv »angemessen« verhalten haben, so tragen Sie an diesem Tag in das betreffende Kästchen ein + ein. ⊞
- Schätzen Sie selbst Ihr Verhalten in diesem Punkt als »unangemessen« ein, so tragen Sie in das betreffende Kästchen ein - ein. ⊟
- Hatten Sie an diesem Tag mit einer Verhaltensweise nichts zu tun, so lassen Sie das betreffende Kästchen frei. ☐

So gehen Sie in jedem Abschnitt (1.–4.) jeden Punkt durch. Der Kalender verfolgt nicht das Ziel, Sie zum »Perfektionismus« zu ermuntern oder Ihnen ein schlechtes Gewissen zu machen. Vielleicht können Sie aber nach 14tägiger Beobachtung bereits eine Veränderung in Ihrem Erleben und in einzelnen Verhaltensweisen feststellen: Lust – Unlust, Zufriedenheit, Freude, Vertrauen, Glaube, Liebe, Hoffnung, Zärtlichkeit, Angst, Pedanterie, Zeitdruck, Heuchelei, Machtkampf, überbetonte Sparsamkeit, Depression, Furcht, Scham, Schuld, Ekel, Trauer, Hilflosigkeit, Hoffnungslosigkeit.

1 Körper – Sinne

Was haben Sie heute für und mit Ihrem Körper getan?

Beispiel: Angenommen, Sie haben heute eine Entspannungsübung gemacht:
- Sie waren zufrieden mit dem Resultat: ⊞
- Es hat nicht so gut geklappt: ⊟
- Sie haben heute keine Entspannungsübung gemacht: ☐

Ernährung:
- Sie haben heute nicht zu viel gegessen: Quantität ⊞
- Sie haben sich genügend Zeit genommen beim Essen und gut gekaut: Zeit ⊟
- Dabei saßen Sie mit anderen Leuten im Restaurant an einem Tisch, hatten aber kein Gespräch mit Ihnen: Kontakte ☐

Schlaf:
- Sie haben den Eindruck, daß Sie in der vergangenen Nacht zu wenig geschlafen haben: Schlaf-Dauer ⊟
- Außerdem haben Sie sich öfters unruhig im Bett hin und her gewälzt und konnten nicht wieder einschlafen: Schlaf-Rhythmus ⊟

Verhalten
⊞ = angemessen   ⊟ = unangemessen   ☐ = nicht vorgekommen

Tag	1	2	3	4	5	6	7	8	9	10	11	12	13	14
1. Körperpflege														
2. Bewegung														
Sport														
Entspannung														
Atmung														
Wandern														
3. Ernährung														
Quantität														
Qualität														
Zeit														
Kontakt														
Gefühl														
Diät														
Fasten														
Verdauung														
4. Schlaf-Dauer														
Schlaf-Rhythm.														
5. Körperkontakt														
Zärtlichkeit														
6. Sexualität														
7. Schmerz														

2 Leistung – Beruf

Vorgesetzter – Mitarbeiter – Kollegen – Verwaltung – Haushalt

Welche Verhaltensweisen haben Sie heute bei Ihrer Arbeit oder im Beruf gezeigt?

Wie haben Sie auf Verhaltensweisen des (der) Vorgesetzten, von Mitarbeitern oder Kollegen reagiert?
Empfinden Sie selbst Ihr Verhalten als »angemessen« ⊞ oder als »unangemessen« ⊟?

Beispiel: Angenommen, ein Mitarbeiter kam heute zu spät ins Büro (Pünktlichkeit):
- Haben Sie gereizt reagiert? (Geduld)
- Haben Sie Ihre Wut hinuntergeschluckt (Höflichkeit) und nichts gesagt (Ehrlichkeit / Offenheit)?
- Haben Sie ihn gefragt, warum er zu spät kam?

Haben Sie nach Ihrer Einschätzung »angemessen« ⊞ oder »unangemessen« ⊟ reagiert?
Wenn Sie heute im Beruf mit Pünktlichkeit / Unpünktlichkeit keine Probleme hatten oder wenn Sie heute daran gar nicht gedacht haben, bleibt das betroffene Kästchen leer.

Verhalten
⊞ = angemessen   ⊟ = unangemessen   ☐ = nicht vorgekommen

Tag	1	2	3	4	5	6	7	8	9	10	11	12	13	14
1. Pünktlichkeit														
2. Sauberkeit														
3. Ordnung														
4. Gehorsam														
5. Höflichkeit														
6. Ehrlichkeit / Offenheit														
7.. Fleiß / Leistung														
8. Sparsamkeit														
9. Zuverlässigkeit														
10. Genauigkeit														
11. Geduld														
12. Zeit														
13. Kontakt														
14. Vertrauen														
15. Hoffnung														
16. Glaube / Religion														

3 Kontakt

Partner – Kinder – Eltern – Verwandte – Freunde – Bekannte

Welche Verhaltensweisen haben Sie heute in Ihrem Privatleben gezeigt?
Wie haben Sie auf Verhaltensweisen Ihres Partners / Ihrer Partnerin, Ihrer Kinder usw. reagiert?

Beispiel: Angenommen, als Sie heute von der Arbeit nach Hause kamen, sagte Ihre Frau Ihnen, daß Ihr Sohn trotz aller Ermahnungen immer noch nicht mit seinen Hausaufgaben begonnen habe (Fleiß / Leistung):

* Wie haben Sie reagiert: gegenüber Ihrer Frau? Gegenüber Ihrem Sohn?
* Empfinden Sie Ihre Reaktion eher als »angemessen« oder eher als »unangemessen«, oder als eine Mischung von beidem?
* Wie waren die Folgen für Sie, Ihre Frau, Ihren Sohn, gemessen am zu erreichenden Ziel?

Verhalten

⊞ = angemessen   ⊟ = unangemessen   ☐ = nicht vorgekommen

202

Tag	1	2	3	4	5	6	7	8	9	10	11	12	13	14
1. Pünktlichkeit														
2. Sauberkeit														
3. Ordnung														
4. Höflichkeit														
5. Ehrlichkeit/ Offenheit														
6. Fleiß/Leistung														
7. Gehorsam														
8. Sparsamkeit														
9. Zuverlässigkeit														
10. Treue														
11. Geduld														
12. Zeit														
13. Kontakt														
14. Vertrauen														
15. Hoffnung														
16. Zärtlichkeit														
17. Liebe														
18. Sexualität														
19. Glaube/ Religion														

4 Zukunft

Weltanschauung – Religion – Lebensphilosophie

Hatten Sie heute Gelegenheit, sich mit Fragen aus diesem Bereich zu beschäftigen, oder wurden Sie durch andere Menschen mit solchen Fragen konfrontiert?

Beispiel: Angenommen, Sie haben heute Musik gehört oder gespielt.
• Haben Sie sich dabei angenehm entspannen können?
• Die Musik hat Sie angeregt, über das Thema »Weltfrieden« nachzudenken?

Womit haben Sie sich heute in Ihrer Phantasie beschäftigt:
• Mit dem Körper (Sexualität, Schlaf, Sport ...)?
• Mit dem Beruf (Erfolge, Mißerfolge)?
• Mit dem Kontakt zu anderen Menschen?
• Mit der Zukunft (Wunschvorstellungen, Utopien, Weltanschauung, Religion ...)?
Empfanden Sie Ihre Phantasien eher als »angemessen« oder eher als »unangemessen«? Welchen Maßstab legen Sie an?

Verhalten
⊞ = angemessen   ⊟ = unangemessen   ☐ = nicht vorgekommen

Tag	1	2	3	4	5	6	7	8	9	10	11	12	13	14
1. Phantasie														
2. Träume														
3. Musik														
4. Malerei														
5. Plastik														
6. Literatur														
7. Religion														
8. Sinn d. Lebens														
9. Gesundheit														
10. Krankheit														
11. Tod														
12. Leben nach dem Tod														
13. Umwelt														
14. Pflanzen														
15. Tiere														
16. Menschen														
17. Politik														
18. Weltfrieden														
19. Einheit der Menschheit														

Wo finden Sie professionelle Hilfe?

Angstambulanzen

Aachen
Dr. med. H. Ebel
Psychiatrische Klinik der
Medizinischen Fakultät
Pauwelstraße 30, 52074 Aachen
Telefon 02 41 / 80-8 96 33

Berlin
Universitätsklinikum Charité
Medizinische Fakultät der
Humboldt-Universität zu Berlin
Universitätsklinik und Poliklinik für
Psychiatrie
Amt. Direktor: Prof. Dr. med. Ralf
Uebelhack
Schumannstraße 20 / 21, 10098 Berlin
Telefon 0 30 / 28 02 20 55
Telefax 0 30 / 28 02 32 03

Bonn
Dr. med. R. Horn,
Dr. med. A. Miretzky
Psychiatrische Universitätsklinik
Venusberg, 53127 Bonn
Telefon 02 28 / 2 80-27 12

Dresden
Prof. Dr. J. Margraf
Klinische Psychologie und
Psychotherapie
TU Dresden, Mommsenstraße 13
01069 Dresden
Telefon 03 51 / 4 63-49 94

Düsseldorf
Dr. med. C. Wurthmann
Rheinische Landesklinik,
Fachklinik für Psychiatrie
Bergische Landstraße 2,
40629 Düsseldorf
Telefon 02 11 / 28 01-5 77

Freiburg
Dr. med. U. Frommberger,
Dr. med. J. Angenendt
Psychiatrische Universitätsklinik
Hauptstraße 5, 79104 Freiburg
Telefon 07 61 / 2 70 66 00

Göttingen
Dr. med. B. Bandelow
Psychiatrische Universitätsklinik
von-Siebold-Straße 5
37075 Göttingen
Telefon 05 51 / 39-84 51

Haar
Dr. med. Gabriele Scheibe
Bezirkskrankenhaus Haar
Vockestraße 72, 85340 Haar
Telefon 089/46181 Zentrale

Hamburg
Prof. Dr. I. Hand
Psychiatrische Klinik des
Universitätskrankenhauses
Eppendorf
Martinistraße 52, 20251 Hamburg
Telefon 040/4717-2233

Hannover
Prof. Dr. med. A. Kuhr
Medizinische Hochschule Hannover
Konstany-Gutschow-Straße
30623 Hannover
Telefon 0511/532-2496

Lübeck
Dr. med. H. Neubauer
Klinik für Psychiatrie,
Universität Lübeck
Ratzeburger Allee 160, 23562 Lübeck
Telefon 0451/500-2445

Mainz
Frau Dr. med. J. Schlegel
Psychiatrische Universitätsklinik
Untere Zahlbacher Straße 8
55131 Mainz
Telefon 06131/172140

Mannheim
Prof. Dr. med. J. B. Aldenhoff
Zentralinstitut
J5, 68159 Mannheim
Telefon 0621/1703205

München
Dr. med. Reinhard Börner
Psychiatrische Klinik der Universität
Nußbaumstraße 7, 80336 München
Telefon 089/5160-1

Tübingen
Prof. Dr. H. J. Gaertner
Psychiatrische Klinik der Universität
Osianderstraße 22, 72076 Tübingen
Telefon 07071/29-2300

Würzburg
Dr. med. M. Osterheider
Psychiatrische Universitätsklinik
Füchsleinstraße 15, 97080 Würzburg
Telefon 0931/203292

Wien
Prof. Dr. H. Katschnig/
Frau Dr. Amering
Wien
Telefon 0043/1-40400-3565

Externe/Ambulante Psychiatriestellen in der Schweiz

Herisau
Ambulant-Psychiatrischer Dienst
Dr. R. Meinecke
9100 Herisau
Telefon 071/538299

Liestal
Externe Psychiatrische Dienste
PD Dr. J. Bösch
4410 Liestal
Telefon 061/9216491

Basel
Psychiatrische Universitätspoliklinik
Dr. H. R. Wacker
4051 Basel
Telefon 061/2652525

Bern
Psychiatrische Universitätspoliklinik
Prof. H. U. Fisch
3010 Bern
Telefon 031/642111

Luzern
Sozialpsychiatrischer Dienst des
Kantons Luzern
Dr. E. Peschke
Obergrundstraße 97
6005 Luzern
Telefon 041/412221

St. Gallen
Sozialpsychiatrische Beratungsstelle
Dr. P. M. Müller
Rorschacherstraße 107
9007 St. Gallen
Telefon 071/259228

Schaffhausen
Psychiatriezentrum Schaffhausen
Kant. Psych. Klinik und
ambulante Dienste
Dr. R. Renggli
Breitenaustraße 124,
8200 Schaffhausen
Telefon 053/255031

Solothurn
Psychosoziale Beratungsstelle
Weissensteinstraße 102
4500 Solothurn
Telefon 065/215131

Zürich
Psychiatrische Poliklinik
Prof. J. Willi
Universitätsklinik
8091 Zürich
Telefon 01/2555280

*Alle Psych. Polikliniken der
Universitätskliniken betreiben
einen 24-Stunden-Service.*